私的台湾食記帖

内田真美

はじめに

台湾の食文化を紹介する本に出会ったのは20数年前のこと。「ここは絶対に好きだ」と、なぜか確信しました。実際に行ってみると、はじめての台湾は、相当な憧れと空想をしていたにも関わらず、それを上回るほどのやさしさとおいしさにあふれていました。

南方らしい濃い緑の植栽、街角で売られている興味深い食べ物たち、お茶をゆったりとたのしむ習慣が日常にある生活。すべてが魅力的でしたが、何よりも台湾のみなさんの笑顔とやさしさに感激しました。

娘と一緒のはじめての外国旅行も台湾と決めていました。その台湾の旅では、子育ての多忙さや不安なども一掃してくれるほどに満たされて帰国しました。子育ては、喜びも多いのですが心配なことも多く、知らず知らずのうちに疲労がたまっていたのかもしれません。広場や公園は緑にあふれ、小さな子供が喜ぶおいしい食べ物も多く、ホテルやレストランの方はもちろん、街中ですれ違う方が娘に微笑んでくれ、気遣ってくださる。全体的に治安がよく、子供も社会の一部と寛容に受け入れてくれている台湾での滞在は、たくさんのやさしさやおいしさが積み重なって、大人も子供も忘れられない時間になると思います。

ある時、台湾について対談をした際、話しているうちに口から出た言葉が「台湾はすべてにおいて潤っている」でした。湿度の高いしっとりとした空気、お料理では、たっぷりのスープの小籠包に、もっちりと水分を内包した生地の饅頭。豆花などの甘味には淡く甘い糖水がなみなみと注がれます。旅人である私たちにも、いつも当たり前のようにやさしくしてくださる台湾の方の気持ちも含めて、すべて潤っていると感じました。

料理を仕事にしていることもあり、台湾の大好きな食べ物を中心に、何度となく通うお店を紹介しています。おいしいものにあふれ、やさしい人たちの住む、緑濃い麗しい島。子供と一緒に、お友達と一緒に、ご家族で、ぜひみなさんに台湾に足を運んで、楽しんでいただければと思います。

台北の街歩き

この本では、台湾がはじめての方や子供連れで行きやすい台北を中心に、日帰りや一泊で行くのにおすすめな台中を紹介しています。
台湾は、通りに名前がついているので、地図で探しやすく、歩きやすい街です。台北市内を見る時には、建国北路を中心に、北西、北東、南西、南東に大まかに4つに分けて把握するとわかりやすいです。

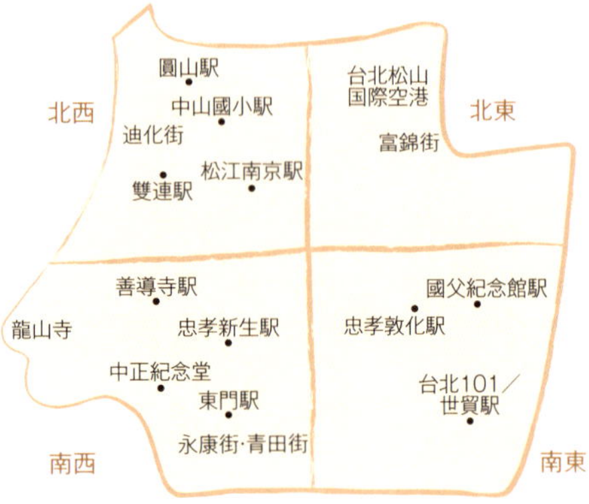

わたしは、子供と一緒なのもあり、予定をつめこみすぎないように旅程を決めています。移動が多いと子供も疲れてしまうので、遠く離れるエリアを行ったり来たりせずに、その日に散策するエリアを決めてゆったりと過ごしています。
各店舗情報にある、周辺地区や最寄り駅を参考に、街歩きの計画を立てていただくと、使いやすいと思います。

この本のこと、私の旅の楽しみ方

台湾、特に台北での楽しみは、大きくはない街にきゅっと中華八大料理が集まり、その日の気分で食を選べるところです。また、小《シアオ》吃《チー》と呼ばれる街角で食べられる屋台料理や、専門店が多くあるデザートを食べたり、芳しい台湾茶を楽しんだり、一日で何通りもの食を体験することが出来ます。食事の合間に観光をはさみつつ、何気ない台湾を感じたくて街を散策するのが最近の台湾での過ごし方で、子供と旅するようになってからは、特にゆったりと過ごすようになりました。
朝、昼、晩の食事と甘味は、どこで何を楽しむか。その合間に子供と一緒に公園で遊んで、街の雰囲気を感じながら散歩をして過ごします。
レストランやお店の入れ替えが早い台湾ですが、老舗で長く愛されているお店も多くあります。新しいお店を次々に開拓するよりも、あの店のあの味を、と想いを馳せて再訪し、やっぱり美味しいと確認するのが喜びです。
台湾に行く度に通う店、はじめて行く友達を案内する、私にとっての定番のお店を中心に、ご紹介いたします。お店は、子供も一緒に食べられるメニューのあるところばかりです。

- 情報は、2016年3月現在のものです。住所、営業時間などの情報に関しては、ご確認の上お出かけください。
- 市場の営業時間や定休日は、店舗により異なります。
- 定休日は、旧正月などの祝祭日を除いた情報を記載しています。旧正月は毎年2月前後で、店舗が休みになることが多いです。

目次

column こどもとひとやすみ

雙連朝市《シュアン リエン チャオ シー》

散歩がてらの朝ごはんにおすすめの朝市

雙連駅周辺 地図 p. 136 C

住所　台北市民生西路45巷
営業時間　8:00～13:30頃
定休日　なし

いつも泊まる中山《チョンシャン》駅エリアから雙連《シュアンリエン》駅までは一駅の距離なので散歩にほどよく、子供たちと沿線上にある遊歩道を散策しながら移動します（雨の場合、地下道を使います)。廟《ミアオ》を中心とした参道に沿って広がる朝市は、食べものの露店がたくさん並んでいます。街中に歩いていける朝市があるというのは、東京で暮らしている身としては羨ましい限りで、滞在中のどこかの一日は、子供たちの散歩も兼ねて、この朝市で朝ごはんを食べることにしています。子供たちはお腹がすきすぎてしまうので、軽い朝ごはんを小さい子たちだけホテルで食べさせてから来ると、子供は食後の腹ごなし、大人は朝ごはんを美味しく食べるためのよい散歩になります。

私たちの定番コースは、朝市に入る前に手搾りのジューススタンドで（民生西路《ミンションシー ルー》沿いにあるスターバックスコーヒー前）子供たちに台湾オレンジジュースを買い、遊歩道散歩で乾いた喉を潤しながら移動することからはじまり、次に、市場に入ってすぐ左の朝ごはん屋の「永和世紀豆漿大王《ヨン ホー シー チー トウ ジャン ター ワン》」で、冷たい豆漿《トウ ジャン》か鹹豆漿《シエン トウ ジャン》、蛋餅《ダン ビン》をさっと食べてから朝市をまわります。生鮮の多い朝市ですが、買ってすぐにその場で食べられるような軽食も多いので、何を食べるか相談するのも楽しみのひとつです。食感も味わいも台湾にしかない薄いクレープ状の皮にたくさんの具が包まれた潤餅《ルン ビン》や、子供たちの争奪戦になる台湾式の蒸した油飯《ヨウ ファン》（おこわ)、季節のカットフルーツ、ピーナッツ粉にまぶされたやわらかいお餅。仙草ゼリーも暑い時季にはツルンと喉越しがよくてついつい買ってしまいます。

ひと通り見たら、買い出し班と子供たちと遊ぶ班に分かれるのもお決まりです。朝市に沿った緑道をすこし行くと、廟前あたりが小高い広場のようになっていて、子供たちはここで遊びまわることが出来ます。気になるものを買ったら、子供たちが遊ぶ緑道に戻り、ベンチに座ってみんなで食べます。しっかりと食べたいようなら、民生西路に戻り、寧夏夜市方面に直進し右折すれば、「雙連街魯肉飯《シュアンリエンチエ ルー ロウ ファン》」、中山北路二段方面に戻れば、「雙連高記水餃店《シュアンリエンカオ チーシュイチアオティエン》／三五水餃《サン ウー シュイチアオ》」があります。どちらかのお店で、席について朝ごはんをとるのもおすすめです。

信《シン》成《チョン》油《ヨウ》廠《チャン》股《クー》份《フェン》有《ヨウ》限《シエン》公《コン》司《スー》

雙連朝市近くにある油専門店

雙連駅周辺　地図 p. 136 C

住所　台北市民生西路96號
電話　02-2559-3123
営業時間　8:30〜19:30
定休日　日曜

創業時から、100年近くも同じ場所にある老舗油屋です。台北市内のフードセレクトショップやデパートでもここの油や醤は買えますが、私は本店で新鮮なものを買うようにしています。以前にベビーカーと子供たち数人を連れて来店した際、にこやかに対応して段差をお手伝いしてくださり、ゆったりと選ぶ時間がとれた嬉しい記憶も、本店に伺う理由のひとつです。

私がいつも買うのは、花《ファ》生《ション》醤《チアン》と芝《チー》麻《マー》醤《チアン》です。花生醤は、台湾産のピーナッツだけを使い、なめらかなペースト状になっています。もちろん加糖されておらず、和え物や麺、鍋をする際にタレに加えて使っていて、香りが強すぎず風味があり、どの料理にも使いやすくて重宝しています。こちらの醤でひと冬越せたらいいなと算段して購入する、常に切らしたくない一品です。

圓《ユエン》山《シャン》老《ラオ》雀《ツイ》菜《ツァイ》包《バオ》

蒸包と酸辣湯の朝ごはん

中山國小駅周辺 地図 p. 136 C

住所　台北市中山北路二段137巷33號
電話　02-2581-7014
営業時間　5:00～13:00
定休日　月曜

名物は蒸《チョン》包《バオ》という小ぶりの包子で、はじめて食べる人はみんな、他にはない食感と美味しさで喜んでくれます。ひと蒸篭10個入りで、人数とその日のお昼ごはんに何を食べるか考えながら注文する量を決めます。

店頭入り口にある厨房が見えるようになっていて、しっかりとした弾力が残るように仕上げた肉餡を、老麺で作られた生地で包んでいます。この成形が早い！　独特な形で蒸された姿は、手の指がついたような小判形で、蒸篭に入ったまま供されます。食べきれるかな？　とはじめは不安に思うのですが、ひとつひとつは小さめで、生地はふかふかとしていますが、皮部分は多くありません。しっかりとした味付けの肉餡はプリッとした食感に仕上がり、たっぷりと入っていて、あっという間に食べてしまいます。

お店のメニューは、この蒸包と酸《スアン》辣《ラー》湯《タン》の2種類だけという潔さ。酸辣湯は台湾らしいあまり酸味のないタイプで、量もほどよく、朝ごはんにぴったりです。

人《レン》和《ホー》園《ユエン》雲《ユン》南《ナン》菜《ツァイ》

必ず「行きたいお店」に名が上がる、雲南料理店

はじめて台湾を訪れる友人、何度目かの友人からも「この店に行きたい！」と必ずと言っていいほど名が上がります。雲南料理は四川料理に属している部分があり、唐辛子が多用されている料理も多いのですが、塩味だけというあっさりとした料理もあり、きのこを多く使っているのも特徴です。

出産後にはじめての娘と一緒の海外旅行は台湾と決めていて、その際にもここに来ました。久々で嬉しさのあまり、大人たちが食べたいものだけを立て続けに注文していた時、お店の方が、「子供がいるから辛いものばかりではなくて、このじゃがいものはどう？」「ごはんがいるでしょ？」「炒飯もいるよね？」と提案してくださいました。その言葉に、はっと我に返るくらい食べたいものばかりでした。当時2歳半だった娘は、その時に鶏《チー》油《ヨウ》碗《ワン》豆《トウ》を食べて強く印象に残っているらしく、その後の旅でも必ずリクエストをする、台湾で食べたいものの筆頭になっています。

鶏油碗豆は、日本語メニューで、グリーンピースのスープと載っていますが、スナップエンドウの豆部分を使っている贅沢なスープです。雲南では鶏を使った料理が多く、鶏のスープと豆だけのシンプルなスープでありながら、小さな豆のはじける食感と爽やかな青い風味に、しっかりとしているのにくどくない、どこにもない鶏のスープに仕上がっています。見た目より熱く感じるのは、鶏の油分でしょうか。最後まで爽やかにいただけて、いつも子供たちが大喜びで食べてくれる一品です。

他にも魅力的なメニューが多く、豇《チアン》豆《トウ》釀《ニアン》百《バイ》花《ファ》（海老のすり身をささげ豆に巻いたもの）、アクの少ない台湾蕨の涼《リアン》拌《バン》蕨《チュエ》菜《ツァイ》（蕨の花椒油和え）、食感の楽しい涼《リアン》拌《バン》結《チエ》頭《トウ》菜《ツァイ》（トマトとコールラビのマリネ）、カリッときのこを揚げた乾《カン》煸《ビエン》香《シアン》菇《クー》（エリンギの炒め物）などです。悩みつつも食べたいものばかりで、相談しながら決めています。

中山國小駅周辺 地図 p. 136 C

住所　台北市錦州街16號
電話　02-2536-4459
営業時間　11:30〜14:00
17:30〜21:00
定休日　なし

もうひとつ、子供たちに人気のメニューに過《クオ》僑《チアオ》麺《ミエン》があります。この麺料理は、鶏スープの碗、麺の碗、肉がのった皿、野菜、湯葉が入った皿と分かれてテーブルに配されます。お店の方が最後の仕上げをテーブルでしてくださいます。まずお肉を入れて「しゃぶしゃぶ」、それから麺、具を入れて完成です。作る過程も子供たちには人気で、こちらの雞《チー》蛋《タン》麺《ミエン》（米麺と2種類あり、蛋麺がおすすめです）がツルツルとしていて、喉ごしもよく、毎回注文をしています。

食事中、娘が食べている姿をお店の方が見に来てくださるなど、小さい子が楽しく食事をしているか、食べづらくないか、店主の桃さんがいつも全体を見渡していらっしゃるのも安心します。スタッフのみなさんがあまり入れ替わりがなく、いつ伺っても同じ方がいらっしゃるということも安心して再訪する理由のひとつです。美味しさはもちろんですが、子供連れでも気持ちよく美味しいものをいただけるというのは、本当に有難いことです。

過僑麺

豇豆釀百花

乾煸香菇

涼拌結頭菜

涼拌蕨菜

鶏油碗豆

雙《シュアン》連《リエン》圓《ユエン》仔《ツー》湯《タン》

ついつい寄ってしまう、
素通り出来ない甘味店

雙連駅周辺　地図 p.136 C

住所　台北市民生西路136號
電話　02-2559-7595
営業時間　10:30～22:30
定休日　なし

雙連から寧夏夜市方面に向かう際に、立ち寄ります。名物の焼《シャオ》麻《モア》糬《チー》は伝統的な作り方らしく、ゆでるのではなく、少ない水分で練った餅粉を油で煮ることで独特のもちもち感に仕上がるそうです。箸でさこうとすると、もっちりときめが細かくのび、かと言って粘りがある訳でもない独特の食感で、そこにピーナッツ粉、砂糖、胡麻が混ざったものをかけて食べます。このピーナッツ粉が香ばしいのも人気の理由のひとつかもしれません。

暑い日なら、台湾ならではのふっくらと甘み穏やかに煮られたお豆がいっぱいのかき氷をぜひ。タロ芋や湯《タン》圓《ユエン》（白玉団子）などものっていて、子供たちも大喜びです。冬なら、たくさんの種類があるぜんざいや温かくて甘い湯《タン》（スープ）がおすすめです。蓮の実、白木耳にお豆に湯圓。日本のぜんざいとは甘さの違う、さらっとしていて穏やかな甘味は、思いのほか子供たちに人気なのです。

豆花莊《トウフアチュアン》

黄金色の糖水に、
やわらかい花生と豆花

雙連駅周辺 地図 p.136 C

住所　台北市寧夏路49號
電話　02-2550-6898
営業時間　10:00～1:00
定休日　なし

「どうして日本にないのだろう？」とみんなで口ぐちに言う筆頭が豆花《トウフア》です。寧夏夜市に行く際に、必ずみんなで楽しむのが「豆花の食べ比べ」です。夜市入口の民生西路を挟んでこちらの「豆花莊」と「古早味豆花」（→p.21）はあります。大通りからのぞくと両店見える距離にありますので、せっかくですからお腹に余裕を残して、両方行くことをおすすめします。

ここの名物は、招牌花生豆花《チャオパイフアシェントウフア》（ピーナッツ豆花）で、やわらかく煮たピーナッツがのって、単純明快な美味しさがあります。豆花の舌触りに合うようにやわらかく煮えたピーナッツと、黄金色の糖水。香ばしい香りと、台北よりもすこし南下した地域（台南に行くほど甘みが濃くなります）のような甘さとコクがあり、夏にのせてくれるシャーベット状の糖水も湿度の高い台湾の夜には嬉しい冷たさです。「招牌《チャオパイ》（看板商品）」と言うだけあり、必ず食べたい一品です。

古早味豆花《クーツアオウェイトウフア》

台湾の旅になくてはならない甘味

雙連駅周辺 地図 p.136 C

住所	台北市民生西路210號
電話	02-2558-1800
営業時間	11:00〜1:00
定休日	なし

台湾のさらっとした豆乳を石膏粉《シーカオフェン》で固めたものを糖水でいただきます。豆花には上に具材をのせる楽しみがあり、毎回どれにしようかと悩むのも楽しみのひとつ。こちらは、台北風のあっさりとした糖水に、なめらかな豆花、具材もより穏やかな甘みのものが多いです。子供にも大人にも人気で、再訪したいランクの上位にいつもあがり、娘も最初に食べたここの豆花のことをしっかりと覚えていて、帰国してからも「また食べたい」と言います。

タロ芋の美味しさに開眼したのも台湾でのこと。上にのせる具材に、甘く煮たタロ芋かタロ芋で作った芋圓《ユーユエン》(お団子)のどちらかを必ず選びます。他には、粉圓《フェンユエン》(タピオカ)、紅豆《ホントウ》(あずき)、緑《リュー》豆《トウ》、愛玉《アイユー》、薏米《イーミー》(ハトムギ)などなど、その時々で選んで注文します。淡い甘さに煮られた豆たちと相性も良く、冬には温かい豆花もあり、どの時季も楽しめるのが嬉しいのです。

寧夏観光夜市《ニンシアクアンクアンイエシー》

サイズ感がほどよく、
子供と一緒に行くのに丁度よい夜市

雙連駅周辺 地図 p. 136 C

住所　台北市寧夏路
営業時間　18:00～3:00頃
定休日　なし

台北市内のいくつもある夜市の中で、ほどよい大きさと出店がほぼ食べものということで、この夜市によく行きます。いつも宿泊する界隈から歩いて行けるのも理由のひとつです。

夕飯はレストランでとることが多いので、食後のデザートと散歩がてら歩きます。気になる小吃《シアオチー》があれば、みんなでひと口ずつ食べたり、カットフルーツや金桔《チンチュー》（金柑）ジュース、愛玉子《アイユーツー》、甘蔗原汁《カンジョーユエンチー》（さとうきびジュース）をデザートにしたり。トマトと山査子《さんざし》の飴がけは意外な美味しさで、かくれたおすすめです。冬には、市の真ん中にある「紅豆餅《ホントウビン》」のタロ芋餡が美味しいので、出店されていたら必ず食べます。他にも、潤餅《ルンビン》はこの市の名物で、お腹に余裕があればぜひ。出店がその時々で違うので、気になったものを試してみてください。

子供たちに人気なのが、夜市終わりの南京西路方面にある遊戯コーナーです。日本のお祭りにあるような懐かしいものがあり、台湾の子供たちに混じって遊ぶのが楽しいようです。はずれでもいつも何かおまけをくれるので、子供たちは笑顔でホテルに帰ります。

請先付款

種《チョン》福《フー》園《ユエン》斤《チン》餅《ピン》牛《ニウ》肉《ロウ》店《ティエン》 松江店

ワイワイと、包みながら食べる楽しみ

斤《チン》餅《ピン》は、中国東北地方瀋《シェン》陽《ヤン》付近で食べられる料理です。小麦粉を練り、重ねて層にし、平たくしてから両面焼いたもので、そこに具材を巻いて食べます。よく、立春や春節にこのような平たく焼いたクレープ状のもの（名前は個々に違います）で具材を巻いて食べますが、こちらもそのひとつです。この粉ものが大好きで家でもよく作り、具材をいろいろと各々で組み合わせて巻いて食べるのは楽しく、子供も喜んでくれます。

台湾で斤餅に出合えた時は感激しました。店頭で斤餅の職人さんが素晴らしい手さばきで、丸め伸ばして焼いています。焼くための鉄板は、丸く重みのありそうなもの。生地を平たく伸ばし、水、油、薄力粉が混ざったものを塗り、さらに層にし、端からくるくると巻きあげて丸め、さらに平たく伸ばします。それを鉄板の上で香ばしく両面焼きます。何度となくひねり重ねて伸ばしてあるので層が出来て、独特の食感の生地になっています。

こちらの生地は、店主曰く「生地の噛みごたえ、コシを楽しむ」のが特徴です。大きな一枚を扇状にカットしたものが運ばれてきます。これに合わせて注文する具材は、京《チン》醤《チアン》肉《ロウ》絲《スー》（肉の細切り炒め）、合《ホー》菜《ツァイ》代《タイ》瑁《マオ》（野菜の炒め物、卵焼きのせ）。このふたつは必ず注文します。ここに、好みで海老の炒め物や季節の青菜の炒め物を組み合わせるのがおすすめです。ここの合菜代瑁はモヤシや木耳、黄ニラ、豆腐干を炒めたものに薄焼き卵がかぶせてあります。元々は宮廷料理で、肉類をこの皮ものに挟んで食べていたところ、市民にこの食べ方が広まり、高価なお肉ではなく蛋を焼いたものを挟むようになったそうです。野菜は、立春を過ぎた頃に芽吹いたものを挟んで食べていたそうで、野菜と蛋が入ったこの合菜代瑁は必須と教えていただきました。

食べ方は、扇状に切られた斤餅を開き、そこに甜麺醤を塗り、好きな具材を入れて一方をくるみ、下の三角の生地の部分を上に被せて、両端をたたみ、更に上までくるりと巻きます。後はがぶりといただきます。このコシのある生地に、食感と塩分の強弱のある具材がとても合っていて、大人も子供もすぐに夢中になり、次は何を包もうかと目移りします。生地で結構お腹がいっぱいになりますので、あとは、スープかもうひとつの看板メニューである牛肉麺を注文します。回族由来の塩味の清《チン》燉《トゥン》牛《ニウ》肉《ロウ》麺《ミエン》だと子供も食べられます。スープだと、三《サン》鮮《シエン》湯《タン》がおすすめです。清湯に、海老、ナマコ、イカ、青菜、千切りの生姜がたっぷりと入っていて、塩分も穏やかで、「台湾らしい」澄んだスープです。甘辛い醤の味わいの斤餅の合間にとてもよく合います。みんなでワイワイと話しながら包み食べるのは、楽しさに満ちています。

松江南京駅周辺 地図 p.134

住所 台北市松江路123巷12號之1
電話 02-2507-9229
営業時間 11:00～14:00
17:00～20:30
定休日 なし

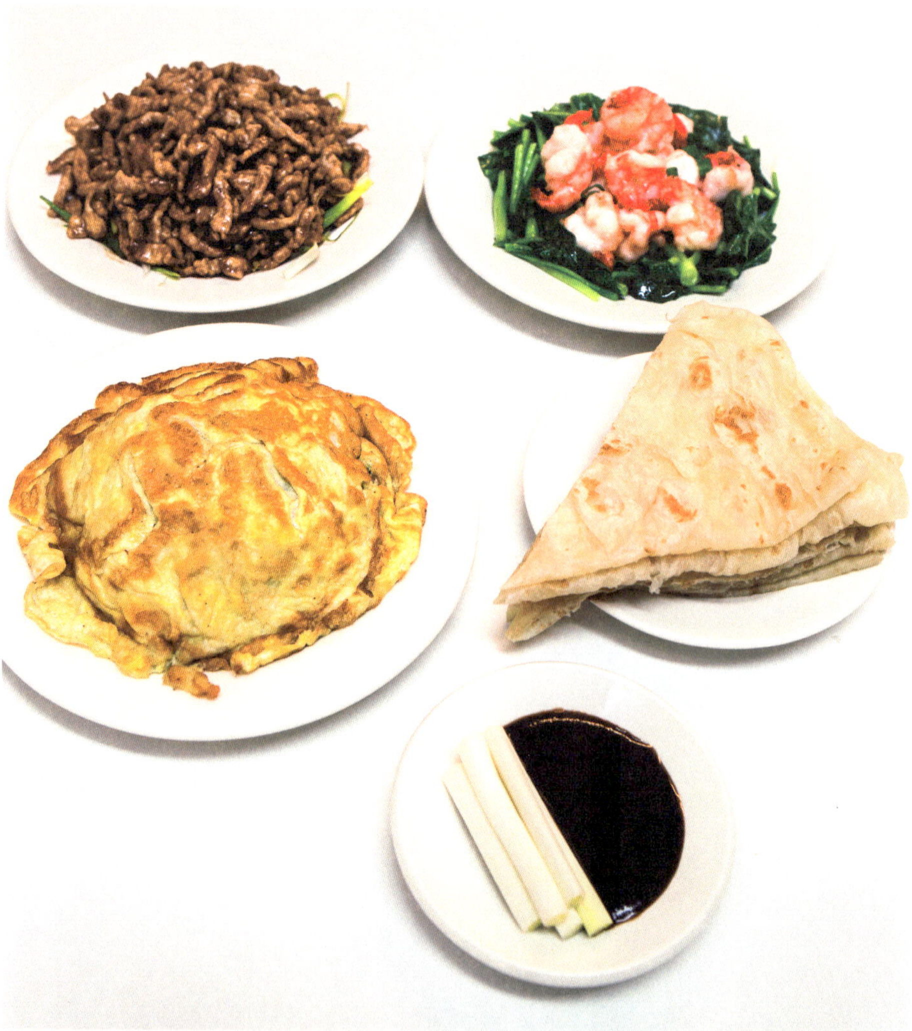

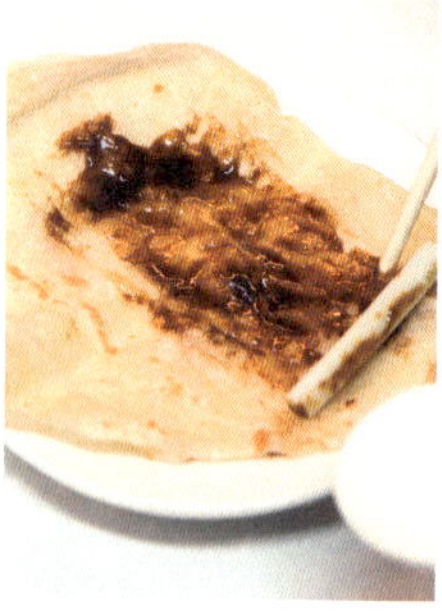

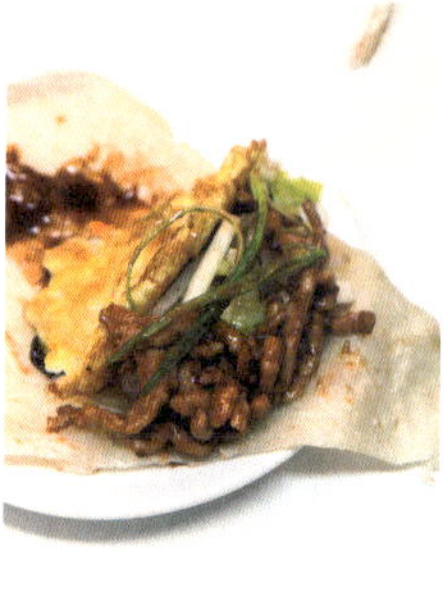

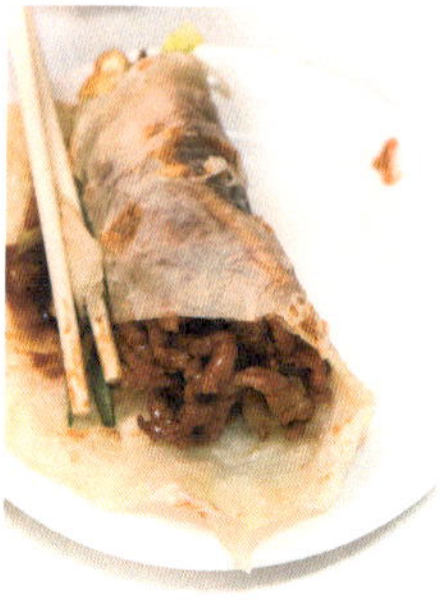

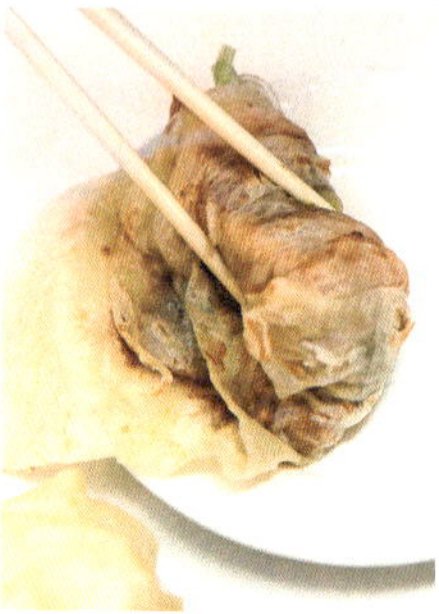

清燉牛肉麵

梁《リアン》記《チー》嘉《チア》義《イー》鶏《チー》肉《ロウ》飯《ファン》

台中名物の鶏肉飯と澄んだ味の蒸しスープ

中山駅の隣、松江南京駅付近にある小吃店《シアオチーティエン》です。この通りには他にお店は少なく、ポツンとあるのですが、昼時ともなるとどこからか人が多く集まり、列をなすほどに混みます。近くの大通りはビジネス街になっており、そこからのお客様も多いとか。ピカピカに磨かれた店内、引き出し状の蒸し器に、選ぶのが楽しい小菜、次々によそわれる鶏《チー》肉《ロー》飯《ファン》や魯《ルー》肉《ロー》飯《ファン》。一代で40年以上も続けていらっしゃる店主の方がすばやく目を配り、混んでいる店内も整然としていて、すぐに着席でき、美味しい食事が出てきます。台中、嘉《チア》義《イー》の名物である鶏肉飯を、嘉義出身の店主の方が一族ではじめられたそうです。

朝仕入れた食材で作る小菜に、特別にオーダーしているという鶏肉をていねいにさばき、当日の朝、手で細かくさいた鶏肉に、濃くはないけれどしっかりとしているタレをかけた鶏肉飯。大人はもちろん、子供たちにも人気の味付けです。小菜は、沖縄のしりしりにそっくりな人参の炒め物や豆腐干の炒め物、台湾の甘いキャベツの炒め物など選ぶ楽しさがあります。

絶品なのがこちらの蒸しスープ。白苦瓜と排骨のスープは、私の好きな蒸し透明スープ上位に入ります。よく処理された豚の排骨だけを使いとったスープに、白苦瓜が入っているシンプルなスープで、透明感があり、爽やかな風味の苦瓜がぴったり。後味にさっと広がる苦味が心地良いです。鶏肉飯、小菜、スープと何度も行ったり来たりと飽きない美味しさです。

お店の前は学校で、子供たちのお弁当を持たせる母親が多いと店主が仰っていました。ここのお弁当なら嬉しいだろうなあと、聞きながら羨ましくも思いました。

松江南京駅周辺 地図 p.134

住所　台北市松江路90巷19號
電話　02-2563-4671
営業時間　10:00～20:00
定休日　土・日曜

卓上にある調味料は手作りで、生の唐辛子に豆鼓が混ぜてあります。生の唐辛子は風味がよく、豆鼓が塩分や旨味のポイントになるので、いろいろなものにすこしずつかけていただきます。横にあるきゅうりのお漬物は台湾では定番。こちらのは、店主が特別にお願いしているところのものだそうです。

暑い日なら、こちらにある古《クー》早味《ツアオウェイ》紅《ホン》茶《チャー》をぜひ。甘く冷やされた台湾紅茶で、口の中の辛みや残った風味を一掃してくれて、食後にぴったりです。

繁華街とはいえないこの場所で、創業時から場所も変わらず営業しているこのお店が、働く人、学校に通う子供たちなど地元の人たちの活力になっているのだなと実感します。

緑豆蒜啥咪《リュートウスアンシャーミー》

お祖母さんの味を大切に受け継ぐ、小さな緑豆専門店

松江南京駅から近くの商店街、四平街《スーピンチエ》の路地にあり、屏東県《ピントンシエン》出身の店主が、小さい頃食べた緑豆蒜《リュートウスアン》を出したくて作ったお店だそうです。

緑豆というと、緑色の豆を思い浮かべますが、こちらのは、皮がないむき身状態の黄色の豆です。台北ではめずらしいですが、台湾南部ではこの皮むきタイプを食べ、年配の方には懐かしいと感じる昔のスタイルだそうです。この皮むき緑豆を氷砂糖とドライ龍眼の甘みで煮てあり、ほくっとした風味に、蜜がほのかに香ばしく感じられます。温かいものと冷たいものがあり、解毒と解熱の作用があるので、夏は特に緑豆湯を食べるそうです。

それ以外に、久々に感動した美味しさのマンゴーかき氷は、屏東県枋山《ピントンシエンファンシャン》産マンゴーを贅沢に2個使用したものでした。台南より先にある枋山産地のマンゴーは、小さめながら、甘みも酸味もあり香りもとびきりです。氷の中心には、台湾産黒糖を2時間煮込んだ蜜があり、上にはマンゴーのピュレ、練乳、角切りにしたマンゴーがたっぷりとのっています。食べすすめると、中心にかかっている黒糖蜜部分に当たります。香ばしい黒糖蜜とマンゴーの香り、酸味と相まって、途中からまた違う美味しさになり、ふたりでも多いかなと思う量も食べきってしまいました（とはいえ、ふたり以上でシェアして丁度よいくらいの大きさです）。

地元のお客さんはパイナップルのかき氷を注文している方が多く、見ていると、生のパイナップルがのっているものではなく、甘じょっぱく煮たパイナップルがのっていました。屏東産金鑽《チンツアン》パイナップルを有機の麦芽糖とローズソルトで煮たものに、氷、黒糖蜜をかけて、上にパイナップル、その上にドライ桂花が散らしてありました。台湾に昔からある定番のメニューだそうで、パイナップルが黒糖蜜と混じり、あっさりと食べられました。

小豆の甘みもおすすめです。台湾南部の萬丹《ワンタン》という小豆の名産地の特級小豆を使用しているとのこと。女性にとても良い紅豆湯《ホントウタン》、お店では漢方と一緒に2時間も煮込んでいるそうです。冬には温まるこの紅豆湯、夏には、この小豆をたっぷり使った、かき氷の紅豆牛奶冰《ホントウニウナイピン》がありま す。トッピングもすべて奥の厨房で手作りだそうで、店主ご姉妹の美味しいものを食べてほしいという気持ちが伝わります。

店内には、ご年配の方に背広のサラリーマン、高校生らしき女の子たちに子供連れの私たち旅行者、いろいろな人たちに愛されている店だとわかります。何度となく訪れたいお店が、またひとつ増えました。

松江南京駅周辺 地図 p. 134

住所　台北市伊通街106巷6之1號
電話　02-2502-6885
営業時間　12:00～20:30
土13:00～19:30
定休日　冬：日曜
夏：最終日曜

東《トン》門《メン》市《シー》場《チャン》／江《チアン》記《チー》東《トン》門《メン》豆《トウ》花《フア》

台湾の食を感じる活気あふれる市場
その日の朝に作られる豆花のお店

台北中心地にあり、東門市場、東門外市場は道路を挟みつながっていて、永康街や中正紀念堂からも近く立ち寄りやすい、80年以上続く市場です。生鮮が多く、市場らしい活気にあふれていて、台湾の食を感じるのにいい場所です。お土産にというよりも、美味しそうな果物やおかずなどを買って帰り、近くの公園で食べたり、ホテルで食べたりするのにおすすめです。その中には、独自のルートで年中パイナップルだけを数種類扱っている専門店や肉屋や魚屋があり、色彩豊かで見たことのない食材が目に次々に入ります。子供たちに人気の利《リー》隆《ロン》餅店《ピンティエン》は7種類ある粉もの専門店の焼餅屋さん。蔥《ツォン》油《ヨウ》餅《ピン》蘿《ルオ》蔔《ポ》絲《スー》餅《ピン》（大根の細切り入り餅）蔥餅など、目の前で焼いてくれるので、焼きたてをおやつにしたくてつい立ち寄ります。

東門市場の中にある、ひと休みにおすすめなのが「江記東門豆花」です。細い路地にぽっと赤い提灯が下がっています。本当に小さいお店ですが、奥に10席ほど着席出来ますので、その場で食べても、持ち帰りにして市場内にある公園などで食べてもいいと思います。

豆花は1種類しかありません。注文すると、花生《ファション》（ピーナッツ）と淡い琥珀色の糖水が注がれて出てきます。糖水は甘露のような甘さがほのかにあり、豆花はなめらかで豆の香りも丁度よく、ピーナッツもやわらかく煮られています。全体の口触りが合っていて、花生豆花の定番の美味しさがあります。持ち帰りの人も多く、次から次に来るお客さんを眺めながら食べる市場の豆花は、台湾を近くに感じるのにひと役かってくれます。

東門市場　地図 p. 136 D

住所	台北市金山南路と 信義路の交差点から北寄り
営業時間	6:00〜13:00頃
定休日	月曜休み多い

東門駅周辺　地図 p. 136 D

住所	台北市金山南路一段142巷5號 （東門市場内）
電話	0968-109-709
営業時間	7:30〜14:30
定休日	月曜

鼎《ティン》元《ユエン》豆《トウ》漿《ジャン》

台湾の人にまじって楽しむ朝ごはん、豆漿

中正紀念堂　地図 p. 134

住所　台北市金華街30號之11
電話　02-2351-8527
営業時間　4:00～11:30
定休日　なし

台湾に来ると、朝ごはんがいつにも増して楽しみになります。朝ごはん専門のお店が多くあり、好きなのは、豆漿《トウジャン》と粉ものの組み合わせのもの。お粥などの米食よりも、こちらの豆漿の方が多く見かけます。粉ものもそのお店で作られていて、お店によって味わいも違いますし、食べ比べるのが楽しみのひとつにもなります。

中正紀念堂近くにある「鼎元豆漿」は、以前は違う名前の朝ごはん屋さんでしたが、名前と場所を変えて美味しさはそのままに再開されました。ここで朝ごはんを食べてから中正紀念堂か永康街、大安公園に行くなど、一日のスケジュールを考えるのにいい立地にあります。

豆漿の豆は、自店で豆から浸水し、発芽しないように低い温度で保管しているそうです。そのようにていねいに作られているお店は少ないそう。豆乳が温められている鍋に湯葉が張っていることが豆から豆乳をしぼっていることの証しだそうです。日本の豆乳と違い、豆の香りがさっぱりとしていて、さらっとしているのが特徴の台湾の豆漿。その豆漿にはふたつの美味しさがあります。まずは鹹《シエン》豆《トウ》漿《ジャン》と言われる、スープのような豆乳です。食べ進めるとおぼろ豆腐のようになっていき、これをはじめて食べた時には、本当に感激しました。もうひとつは、シンプルな豆漿で、これには必ず砂糖が入っていて、冷、温、どちらかを選びます。しょっぱいものは温かく、甘いものは冷たいものを頼むが私の定番です。

そこに忘れてはいけない必須のものが粉ものです。台湾の人たちがよく食べている油條《ヨウティアオ》は豆漿を浸しながら食べてみてください。かりっと揚がった中華式揚げパンが豆漿を吸い、甘くてすこししょっぱくて、浸してやわらかくなった揚げパンが朝にぴったりです。おすすめは、蛋《ダン》餅《ビン》と言われるクレープ状の薄焼きの皮に、ネギ入りの薄焼き卵を重ねて巻き込んだものです。皮はもっちりとしていて塩分のある薄焼き卵との相性がぴったりで、台湾の朝ごはん屋さんの定番です。もうひとつ、焼《シャオ》餅《ビン》と言われる胡麻つきのパンに葱入りの薄焼き卵を挟んだものも大好物です。この焼餅に卵焼きを挟むのは台湾ならではと店主が教えてくださいました。こちらには薄いパイ状になっているパンと厚焼きのふっかりとしたものがありますので、好みで選んでみてください。豆漿に粉ものの組み合わせの朝ごはんは、子供にも大人にも人気で、はじめて食べる人は特に喜んでくれます。

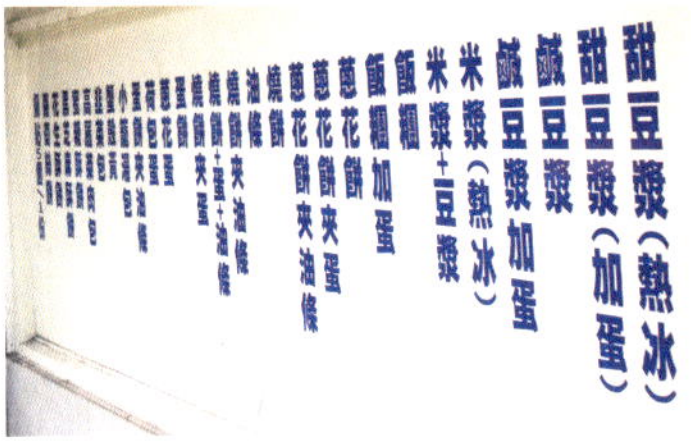

南門市場《ナンメンシーチャン》

旅行の最終日に必ず立ち寄る市場

中正紀念堂　地図 p. 134

住所　台北市羅斯福路一段8號
営業時間　7:00〜20:00
（地下1Fは昼過ぎまで）
定休日　月曜
※2階は無休

南門市場はビルになっており、生鮮、乾物、衣類、食堂に階で分かれていて見やすく、買い物のしやすい市場です。市場の1階が乾物や惣菜の店舗になっていて、帰国日の夕飯や翌日の朝ごはんのための買い物を、最終日にこちらでするのが常です。台湾の余韻を味わうのに最適なものが揃い、調味料や乾物などもセレクトショップで買うよりもすこし安めなので、お土産にするのもいいと思います。

台湾の粽《ツォン》（ちまき）は、種類も多く味にバリエーションがあり、冷凍になっているので、暑い時季でなければ持ち帰るのにぴったりのお土産です。目の前で包んでいる億長御坊《イーチャンユーファン》の中華粽《チョンフアツォン》を蒸せば、りっぱな夕飯の主役になりますし、朝ごはんにもぴったりです。

「老林記素食齋菜《ラオリンチースーシーチャイツァイ》」（素食専門店）のおかずは、野菜や豆腐、こんにゃくや椎茸を使った煮物や和え物など、しっかりと味付けもされていて、毎回どれにしようかと悩んでしまいます。グルテンと野菜のひと口大の揚げ物は子供たちに大人気ですし、好物の龍髭菜《ロンシューツァイ》の和え物があれば必ず買って帰ります。「南門點心坊《ナンメンティエンシンファン》」では、いろいろな種類が入った小さい饅頭を。蒸しておかず

と一緒に食べたり、馬《マー》拉《ラー》糕《カオ》はおやつにします。これで夕飯と朝ごはんの心配はなくなり、最後の時間をゆったりとした気持ちで楽しみます。

※常温保存可能な缶詰と瓶詰、レトルトパウチされている肉製品以外は、日本への持ち込みは禁止されています。

こどもと
ひとやすみ

中《ツォン》正《ツョン》紀《チー》念《ニエン》堂《タン》と二《アー》二《アー》八《バー》和《フー》平《ピン》公《コン》園《ユエン》

鯉のエサの自動販売機と鯉のエサ

大きくはない台北の街中には、大小さまざまに、多くの公園があります。うちの娘もそうですが、よく走る年齢になると、公園に行って遊ぶ時間を十分にとることが必要になってきました。その点、台北は、遊具の多い公園や走り回れる広場も多いので困りません。移動の合間に公園遊びをしつつ、一緒に観光もしてしまうことにしています。

台北駅近くには中正紀念堂と総統府横の二二八和平公園があり、広いのでおすすめです。中正紀念堂は、遊具こそありませんが、蒋介石を記念して造られた建物が広大な敷地にあり、その広場で思いっきり走れます。正面左手には中国式の池があり、台湾によくある鯉のエサの自動販売機があります。ここでエサを買い、池中央の東屋でエサをあげるのも子供たちは喜んでくれます。奥では、太極拳や二胡など中国楽器の練習をしている人、木には台湾リスがいて、散歩しているだけでも台湾の日常を楽しむことが出来ます。

二二八和平公園は、総統府が見える場所にあります。池には中国式の三重の塔、広場には多くの遊具があり、十分に遊びを満喫出来ます。大人が興奮したのが、石が敷き詰められた遊歩道のような、足つぼを刺激する健康歩道。相当に痛いのですが、終わると足からカーッと血が巡り、足の疲れがとびました。

中正紀念堂

地図p.134
住所　台北市中山南路21號
時間　9：00〜18：00

二二八和平公園

地図p.134
住所　台北市凱達格蘭大道3號

金甌

六品小館《リウビンシアオクアン》

“みんなで囲むごはん”に合う浙江料理

永康街のすこし奥にある浙江《チョーチアン》料理のお店です。角にあるお店は、いつもたくさんのお客様でにぎわっていて、何を食べようかと毎回心躍ります。浙江料理は味付けも甘辛く、ちょっと重たいものが多いという印象がありますが、こちらは重厚感のある名物料理以外は、味付けにメリハリのある、ごはんと一緒に食べると美味しいものが多くあります。

店内を見渡すと、宴会の丸テーブルや小さいテーブルは家族で食事を楽しむ方たちでいっぱいです。大きいテーブルでは、浙江料理で有名な紅焼黄魚《ホンシャオフアンユー》が上っていて宴会さながら、小さいテーブルでは、美味しそうな野菜のおかずやお肉のおかずを前に白いごはんを家族みんなで食べています。ここのお料理は唐辛子が多用されていますので、メニューのバランスを見て、子供がいる場合は、どれかを「不加辣椒《ブーチアラーチアオ》(唐辛子を抜いてください)」とお願いするといいと思います。

個人的に涼拌白菜心《リアンバンバイツアイシン》が大好きで、メニューにあると必ず注文します。こちらのは白菜芯の中心部分だけを細く切って和えてあるせいか味なじみがよく、それと生の唐辛子や豆腐干、ピーナッツとの調和も良くて、これは大人の楽しみとして唐辛子入りでぜひ食べていただきたいです。

よくある定番の雪菜と湯葉の炒め物や、豆腐干と牛肉の炒め物も、他のお店と比べて細く切ってあり繊細で、このお店のていねいさが感じられます。スープを注文するなら砂鍋獅子頭《シャークオシーツートウ》をぜひ。とろけるように煮込まれた白菜に大きく揚げられた獅子頭（肉団子）の鍋は、いい出汁が出ていてごはんに合いますし、下に入っているスープを存分に吸った春雨も美味しいのです。あとは、昼も夜も「商業午餐《シャンイエウーツアン》」というセットメニューがあります。その日のおすすめとスープのセットが人数によって品数を変えて出していただけます。いつもは注文しないものが出てきて新しい味に出合えるので、何が出てくるのか楽しみに待つ、というのもいいかもしれません。

永康街・青田街 地図 p. 136 D

住所	台北市金華街199巷3弄8號
電話	02-2393-0104
営業時間	11：30-13：30（休日は〜14：00） 17：30-20：30
定休日	なし

雪菜百頁

豆干牛肉絲

涼拌白菜心

砂鍋獅子頭

宜《イー》和《ホー》餅《ピン》店《ティエン》

60年続く、老舗の祝い菓子専門店

永康街・青田街 地図 p. 136 D

住所　台北市潮州街149號
電話　02-2394-9889
営業時間　10:00～21:00
定休日　不定

「手天品社區食坊」（→p.52）の斜め前にあります。この界隈に工房がもうひとつあり、こちらは店舗も兼ねています。注文で祝い菓子を作るのが専門で、注文分以外で端数があれば店頭でも販売しているため、その時々で店頭にあるお菓子が違います。店頭にあれば買うのが黒糖《ヘイタン》沙琪瑪《シャーチーマー》というやわらかい北京式おこしと、土鳳梨酥《トゥフォンリースー》（パイナップルケーキ）です。沙琪瑪は油で揚げてから蜜にからめてあり、黒糖の香ばしさがお茶菓子にぴったりです。小分けになっているので重宝します。それとお祝い用の大きな祝い言葉の入った土鳳梨酥。最近のパイナップルケーキは、生地がリッチになる傾向があり、そちらも美味しいのですが、こちらの祝い菓子用の月《ユエ》餅《ピン》生地に包まれたパイナップルケーキは、生地が重たくなくて、こちらの方が私の好みになりつつあります。おめでたい形と大きさでめずらしく、大人数の会などにお土産にすると喜ばれます。もし、開いていたらちょっとのぞいてみてください。出来立ての祝い菓子と出合えます。

青《チン》田《ティエン》茶《チャー》館《クアン》・敦《トゥン》煌《フアン》畫《フア》廊《ラン》

街中の喧噪から離れられるサロン

永康街・青田街 地図 p.136 D

住所　台北市青田街8巷12號
電話　02-2396-7030
営業時間　13:00〜18:00
定休日　月曜

青田街の奥、樹齢約100年のマンゴーの大樹がある日本家屋が、路の角を曲がると見えます。大きな門扉をくぐって奥に進むと木枠の扉があり、そこを開くと外観からは想像も出来ないほどの静かで広い空間が広がっています。旧い日本家屋を2年がかりで改修し、画商を営む店主が開いた茶館です。敷地内には、ここで飼われている猫が自由に出入りし、中には犬もいて、店内をゆったりと行き来しています。画商が店主とあり、その時々によって大きな絵が多く飾られており「畫廊(ギャラリー)」としても営まれているのがわかります。

こちらのお茶は、30年前から自分の茶農園で採れたものを、お付き合いのあるアーティストやお客様にプレゼントしていたものがはじまりで、店内でもいただくことが出来ます。茶葉は購入可能で、パッケージは縁があるアーティストに描いてもらったものだそうです。

店内は、マンゴーの大樹を囲むように中庭があり、大きなガラスでサンルームのようになった部屋は、どの方面からも緑が見えて気持ちの良い席になっています。大きな絵が飾られている部屋は、中国式の大小の卓があり、座る席によって風景が違うので、どこに座るか毎回悩んでしまいます。

茶藝館だと功夫式がほぼですが、こちらのお茶は「單《タン》杯《ペイ》(カップサービス)」もあり、気軽に台湾のお茶を楽しめるのも有難いです。お菓子は、自分たちで美味しいと思うものをその時々で選んでいるとのこと。

台北の街中の喧噪を抜けて、この茶館に辿り着いた時の安堵感は店内に入ればわかります。旧い建物に美味しいお茶。店主の仰る、ゆったりとした時間の中で何かを感じてほしいというのが伝わります。静かな店内なので、子供と一緒だと少し気がひけたのですが、子供とぜひいらしてくださいと仰ってくださいました。公園で十分に遊び、眠くなった子供をベビーカーに乗せて寝てくれたら、この茶館で今度は大人がひと休みするのもひと案だと思います。

紫《ツー》藤《トン》盧《ルー》

はじめて台湾に訪れる友人を最初に連れてくる茶芸館

永康街・青田街 地図 p. 136 D

住所　台北市新生南路三段16巷1號
電話　02-2363-9459
営業時間　10：00〜23：00
定休日　なし
＊子供は6歳（小学校入るまで）までノーチャージです。

藤棚があるこの茶藝館には、もう随分と前から通っています。想像する台湾茶藝館の姿がそのままにあり、はじめて台湾に訪れる友人を最初に連れてくる茶藝館です。

緑に囲まれた広い店内は、椅子席に座敷席、多くの部屋や卓があり、その日の気分で選べます。子供と一緒ならぜひ座敷席へ。座敷は広く、畳敷きでのお茶時間は、リラックスするのにぴったりです。子供が小さい時は、座敷で寝てしまうことがよくあり、そのまま横に寝かせて、ゆったりと過ごすことが出来ました。

功夫式でいただくお茶ですが、茶葉は各種類各地方のものが揃っているのでその日の気分で選んでください。まずは、お店の方に淹れ方を教えてもらうのがおすすめです。どの部屋にも花が生けられ、窓の外には緑の影。ガラスポットから出る湯気と音、お茶を淹れる指先、説明の穏やかな声。台湾で何度も茶藝館に足を運ぶのは、台湾のお茶が美味しいのはもちろんですが、この時間そのものを味わいたいからだな、と、お茶をいただく度に思います。

沁《チン》園《ユエン》

お目当ての茶葉がある台湾茶葉店

永康街・青田街 地図 p.136 D

住所　台北市永康街10之1號1樓
電話　02-2321-8975
営業時間　11:00〜21:00
定休日　なし

子供たちと必ず遊びに行く永康公園のそば、公園の緑が見える台湾茶葉店には立ち寄ってしまう理由があります。以前から何度となく通っていたお店ですが、ある時、友人の青木由香さんから「びっくりするから！」とこちらの日月潭の紅茶をお土産でいただき飲んでみると、今までに体験したことのない香りと味に驚きました。

スリランカの気候に似ている日《リー》月《ユエ》潭《タン》で紅茶の栽培がはじまったとのことですが、色は紅茶のようなのに、発酵が淡いのか渋みが少なく、台湾茶の余韻のある香り高さと発酵度の淡いものにある独自の甘さを感じ、台湾茶の良いところを味わえます。

こちらで扱う台湾茶葉はどれも上質で、質の良い凍頂烏龍茶に老茶、阿里山高山茶、梨山茶、木柵鉄観音茶、時季になると新茶も並びます。忘れてならないのは、こちらの茶《チャー》梅《メイ》です。少し重量感があるので悩みどころなのですが、凍頂烏龍茶に漬け込んだ淡い甘さの茶梅の美味しさを考えると、購入せずにはいられません。

手《ショウ》天《ティエン》品《ピン》社《ショー》區《チュー》食《シー》坊《ファン》

粉もの好きにはたまらない実直な焼き菓子

手天品のお菓子に出合ったのは、「東《トン》雅《ヤー》小厨《シアオチュー》」（→p.58）というレストランでした。食後に出してくださったビスコッティは、食べたことのない食感でとても美味しく気に入り、持ち帰り用のビスコッティをひと袋買って帰りました。それはとても薄く切られていて、生地は目がつまっているのに固くなく、サクサクと独特。お土産にと思ったのに我慢出来ず、その独特の食感を追い求め、帰りの飛行機の中であっという間に食べてしまいました。

あのお菓子の美味しさを再度確かめたくて、お店を調べて工房と店舗に行ってみました。伺ってみると、元は、婦人連盟がはじまりで、近所のご婦人方の注文品を配布していた場所だったそうです。食材を配っている際にお菓子がないと気づき、子供たちのために作りはじめたとのことでした。焼き菓子の他にカステラやチーズケーキ、ブラウニーなどの冷蔵ケーキもあり、奥の工房ではパンも焼かれています。大好きな焼き菓子はお土産にしますが、冷蔵ケースの生菓子も美味しくて、お腹に余裕があれば近くの公園やホテルで食べます。台湾のカステラは、日本のカステラとは違いふわふわとシフォンケーキのように軽く糖度も低いので、台湾に来たら食べたいもののひとつです。こちらの宜蘭の金柑が入ったカステラは、しっとりとした生地にほろ苦い大きめの金柑が入っていて、いつでも食べたいと思うお菓子です。

焼き菓子で、特に私と娘が好きなものが如《ルー》意捲《イーチュエン》というシナモンクッキーです。シンプルな生地にシナモン風味のフィリングが重ねてありクルクルと両端からまかれて如意のようなかたちになっています。こちらも薄く切ってあり、パリッとした独自の食感で、気をつけないとふたりであっという間に食べてしまいます。小さい形は手間がかかるらしく、多くは作れないとのこと。伺った際に店頭にあると嬉しくなります。

店主が選んだ、鮮度がよくて安全な材料で作られたお菓子は、見た目も華美ではなく、実直な佇まいと、いつでも食べたいと思わせる素直な美味しさ。どなたでも最初に口にした時からすぐに好きになれるお菓子たちです。

永康街・青田街　地図 p. 136 D

住所　台北市潮州街188-1號
電話　02-2343-5874
営業時間　月～木　9:30～20:00
金　～21:00
土　～18:00
定休日　日曜

上から反時計回りに
土鳳梨酥（パイナップルケーキ）
如意捲（シナモンくるくるクッキー）
高纖低糖的燕麥餅乾（オートミールクッキー）
巧克力燕麥餅乾
（チョコレートオートミールクッキー）
比斯卡提無油餅乾（ビスコッティ）

清《チン》浄《チン》母《ムー》語《ユー》

店主が厳選した品が並ぶ食材店

永康街・青田街　地図 p. 136 D

住所　台北市金華街253-2號
電話　02-2394-5111
営業時間　9:30～20:30
　日　12:00～20:00
定休日　なし

永康街《ヨン カン チエ》奥、青田街《チンティエンチエ》の手前、金華公園《チン フア コン ユエン》そばにある店は、緑に覆われた静かな場所にあります。自社農園、自然農法で出来た野菜に果物で作った酵素や、その農園で作っている果物を干したドライフルーツ、手作りの調味料など、種類は多くはないものの、オーナーの呉さんが選び、慈しんだ品が並んでいます。棚や冷蔵ケースには、生鮮の食品の他に酵素や調味料と、ひとつひとつに謂われのありそうなものたちが並び、ゆっくりと選びたくなるものばかりです。

例えば、自社農園で3年育てて収穫したパイナップルを干したドライパイナップル。台湾のパイナップルの品種は、普通は固くて捨ててしまう芯まで甘く食べられる種類で、芯ごと薄切りにし、天日で乾燥させたもの。薄めにスライスされているので、子供たちの歯でも容易に噛み切れる厚さになっていて、おやつに丁度よいのです。来店した際には、前の公園で遊ぶのがいつものコースになっていて、合間のおやつとしてパイナップルの封を開けます。子供たちの味覚は正直で、その食べっぷりには笑ってしまいます。手が止まらなくなり、ひと袋なくなってしまう！　と心配してしまうほどです。

調味料は、手作りの辣《ラー》椒《チアオ》醬《ジャン》と豆《トウ》腐《フ》乳《ルー》が好きでいつも購入しています。辣椒醬は、唐辛子の香りが素晴らしく、辛みは強めですので、加減しながら使ってください。豆腐乳は、カタチがしっかりと残っているタイプで、ノーマルなものと辛いタイプがあります。発酵の香りが、丁度よいところで止まっていて塩分もほどよく、そのまま食べられるほど。小さい瓶というのも有難いサイズで、使い切っては買い足しています。酵素も、他では味わえない美味しさです。おすすめは自社栽培のパイナップル酵素。レモン入りなどもありますが、シンプルなパイナップルが好きです。お試し用に小さな瓶もありますし、気に入れば大きい瓶でぜひ。

呉さんは、食物は均一ではなく、その年々に見せる姿が違うということが普通なのだと仰います。その違う姿を見、その年の食物の味に合わせて寄り添い作っていくのだと。品揃えが厳選されていて、自分の食卓に上らせたい小さく光る品を見つけられる、隅々までながめたくなるお店です。

こどもと
ひとやすみ

大《ダー》安《アン》森《セン》林《リン》公《ユン》園《ユエン》と大安森林公園駅

台北市の真ん中には、市内で一番大きい大安森林公園があります。とても広く、種類が豊富な遊具で遊んだり走り回ったり出来る、子供に人気の公園です。

南方らしい植栽が多く、散歩しながらめずらしい植物を見つけたり、園内にある大きな池でいろいろな鳥を見たりすることが出来ます。MRT 信義線「大安森林公園」駅近くのエリアには、たくさんの遊具があり、娘はこの公園が一番のお気に入りで必ず来訪します。こちらの公園でたっぷりと遊び、台湾の子供たちに混ざって楽しんでいます。

大安森林公園

地図p.134
住所　台北市大安區新生南路二段1號

MRT信義線「大安森林公園」駅

地図p.134

「大安森林公園駅」の構内も広場のようになっていて、子供たちにおすすめです。夕立の雨宿りや、少し涼しいところで休みたい時にも、この場所が活躍します。駅構内からガラス越しに見える滝が時間でリズムに合わせて流れるようになっています。その場所はfree Wi-Fiになっていますので、子供たちが遊んでいるのを待っている間に情報を確認出来、街歩き中の休憩にとても助かります。

東《トン》雅《ヤー》小《シアオ》厨《チュー》

素材が確かで洗練されている、
身体にやさしい中華料理

忠孝新生駅周辺 地図 p.134

住所	台北市濟南路三段7之1號
電話	02-2773-6799
営業時間	11：30〜14：00 17：30〜21：00
定休日	なし

旅の後半戦になると、胃も少なからず疲れてくるので、中盤もしくは後半に予定して行くお店です。店主の喩《ユー》さんは、元々は出版社で料理の本を作っていた方で、その時に出合った産地の美味しいもの、安心して食べられるものを使って研究し、その研究成果の料理をお店でお出ししているとのこと。そういった経緯を知らずとも、素材が確かで洗練されており、一度料理を口にすればすぐに伝わります。

例えば、海老料理は、清潔で薬の入っていない池で育てた海老を使い、注文してから殻をむくそうです。鶏肉と生姜、白木耳の砂鍋を注文した際に、終盤に結構量の多い料理を注文してしまったなあと思っていたのですが、いざ食べはじめると生姜の香りが高く、鶏はやわらかく煮込まれており、スープは滋味深く穏やかで、子供も含め5人でペロッと食べてしまいました。

蘆筍百合蝦

脯花生芽

脆皮豆包

上海菜飯

野菜は、露地ものだけを農場から直接届けてもらっているそうで、野菜料理はどれも安定した美味しさです。その日の季節野菜を炒めた料理を、子供たちが取り合って食べたのには笑ってしまいました。小菜もどれも美味しいので、先にテーブルに並んでいたら内容を聞いて選んでもいいですし、見た目で食べてみたいものをぜひ取ってみてください。いつも4〜6種類位あります。美しく下拵えをし、簡潔に調味されたものが並んでおり、素材自体の美味しさを小菜で先に味わえます（小菜が美味しいところはお料理も期待できます）。子供が一緒でごはんを注文したい際には、その都度作ってくれる上海菜飯《シャンハイツァイファン》（青菜ごはん）を注文するのがおすすめです。

必ず注文するものが何種類かあります。脆皮豆包《ツイピートウバオ》（自家製湯葉の揚げ物）は、外はカリッとしていて内側の湯葉はやわらかく、何層にも重なっているところがしっとりとしていて何個でも食べられます。脯花生芽《ツァイプーファションヤー》（ピーナッツ芽の和え物）は、ピーナッツスプラウトと豆腐干を和え物にしていて、生の唐辛子の風味も小気味よく、ピーナッツと茎の部分の歯触りの違いも良い一品です。

喩さんは、常に台湾全土をまわり、美味しくて安全なものを探していらっしゃるそうです。食べることは身体に一番効く薬といい、美味しいものと健康になることとは同一ということを今も研究し続けていらっしゃいます。「手天品社區食坊」（→p.52）のお菓子と出合ったのがこちらのお店というのも、今となっては納得してしまいます。

VVG Thinking《ヴィヴィジー シンキング》

ゆったりと過ごす
雑貨と本とカフェ

忠孝新生駅周辺 地図 p.134

住所 台北市八德路一段1號
(華山文創園区)
紅磚六合院C棟
電話 02-2322-5573
営業時間 12:00～21:00
定休日 なし

華山文創園区《フアシャンウェンチュアンユエンチュー》は、日本統治時代の酒工場の跡地をリノベーションし、アート展示や映画やライブなどを行える複合的な場となっています。

台湾は、旧い建物をリノベーションして新しい場所にするのが上手だなと思います。すべて壊して新しい場所にするのではなく、元の建物を活かして改修し、多くの緑を配します。こちらの裏手は広い芝生の公園になっていて、子供連れには、ひと遊びするのにもってこいの場所です。汗をかいたら、この中にあるVVG Thinkingに立ち寄り、ひと休みします。広い店内は、ベビーカーでそのまま入れますし、ゆったりとした席で、のんびりとお茶とお菓子をいただけます。2階は、台北で2店舗目となるVVGの書店と雑貨の階になります。1店舗目は、「世界で最も美しい書店20」のひとつに選ばれていて、その風景はこちらの2階にも反映されています。天井が高く、広々とした店内は、次の計画を立てるのにぴったりの休憩地点です。

Images of a Genius
THE FACE OF LEONARDO
真相達文西
天才之作
2015 JUN.27–SEP.20

Images of a Genius
THE FACE OF LEONARDO
真相達文西
天才之作
2015 JUN. 27–SEP. 20
Images of a Genius
THE FACE OF LEONARDO
真相達文西
天才之作
2015 JUN. 27–SEP. 20
Images of a Genius
THE FACE OF LEONARDO

天《ティエン》和《ホー》鮮《シェン》物《ウー》

旅の中盤に身体をリセットする
酵素精力湯

善導寺駅周辺 地図 p.134

住所　台北市北平東路30號1樓
電話　02-2351-6268
営業時間　10:00～21:00
定休日　なし

質の良い食材が揃っていて、毎回何かしらの発見があるので、「新しい食材はないかな？」と立ち寄る食材店です。

店内には、台湾や各国の食材の他、生活雑貨もあり、地下にはレストラン、入口にはベーカリー、窓辺にはドリンクコーナーがあります。広々とした店内で、ゆったりと選ぶことが出来るので、ベビーカーでも子供連れでも安心です。

魚、肉などの生鮮食材はすべて、自社農場で管理生産されていて、野菜、果物は無農薬・有機栽培のものを販売しています。それらを使った飲み物を、光あふれる窓辺でいただきながらひと休みするのが、散歩途中の楽しみです。大人は、酵《チアオ》素《スー》精《チン》力《リー》湯《タン》(酵素エネルギースープ)、子供はフレッシュジュースをいつも注文します。今では、台湾旅行の定番になった酵素精力湯は、14種類の野菜や果物に最後に酵素がかけられたもの。粗くクラッシュした食べるタイプとジュース用の飲むタイプがあり、その時々の気分で決めています。

はじめて酵素精力湯をいただいた時の感動が忘れられません。青菜と果物、ナッツにドライフルーツを粗く撹拌した水分の多いサラダのようなものに甘酸っぱい酵素がかかっており、味自体がとても好みで、相当な量があるのに、全部食べてしまったのを覚えています。旅行中はどうしてもお腹が重くなりがちですが、この酵素精力湯を旅の中盤に一度食べると体がリフレッシュするので、友人たちのリクエストも多い一品です。

肉桂
梅酒
綜合酵素
梅子酵素
BONJOUR

こどもとひとやすみ　永《ヨン》康《コン》公《コン》園《ユエン》と金《チン》華《ファン》公《コン》園《ユエン》

大安森林公園隣りの東門駅は永康街の最寄り駅で、食事や散策をするのに適した界隈です。ここにも2か所、必ず立ち寄る公園があります。

ひとつは、永康街の真ん中にある永康公園です。遊具は多くはありませんが、大人数であればここで、子供と遊ぶ組、お買い物組と2班に分かれてよく行動します。もう少し先にある金華公園とともに、大人も夢中になってしまう中華式の健康遊具がある公園です。酵素屋さんに寄った際には、遊具が面白くて子供と一緒に大人も遊びます。

公園で遊んで喉が乾いたら、台湾の美味しい果物のジュースで喉を潤すのがお決まりです。ジューススタンドは街中にたくさんあるのですが、永康公園斜め前にある「永《ヨン》康《カン》水《シュイ》果《クオ》園《ユエン》」は果物屋さんなので、間違いのない美味しさです。大好物のすいかジュースも加糖されておらず、いつも変わらない美味しさで、素通りすることが出来ません。

永康公園

地図p.136 D
住所　台北市永康街17號〜37號

金華公園

地図p.136 D
住所　台北市金華街164巷〜青田街

永康水果園

地図p.136 D
住所　台北市永康街6-1號
電話　02-2392-3322
営業時間　8：30〜22：30
定休日　なし

東海萊姆園

地図p.136 D
住所　台北市永康街4巷14號
電話　02-2358-7881
営業時間　12：00〜22：00
定休日　なし

もうひとつは、永康公園近くにある「東《トン》海《ハイ》萊《ライ》姆《ムー》園《ユエン》」の有機ライムジュースです。季節の果物とライム酢がミックスになったものを選びます。台湾ライムはパキスタンレモンのような形で、さわやかさがあり、さっぱりと喉を潤してくれます。台湾の美味しい果物をつかったジュースを持って、このふたつの公園に行くのがここ何年も定番になっています。

光《クアン》復《フー》市《シー》場《チャン》素《スー》食《シー》包《バオ》子《ツー》店《ティェン》

朝から行かないと食べられない、蒸したての素食饅頭屋

國父紀念館、台北101の近くに光復市場はあります。國父紀念館に寄って朝の散歩をしてから行くか、市場に寄ってから紀念館に移動するかをいつも悩むのですが、朝行きたいというのは変わりません。その理由は、朝から行かないと食べられない蒸したての素食饅頭屋さんがあるからです。

台湾旅行中に、先に帰る組と最後の昼食を取っていた時のこと。台湾の友人がお土産として持ってきてくれたのがここの素食饅頭でした。帰国組には帰りの飛行機で食べる用に、私たちにはおやつにと、わざわざ朝いちばんで並んで買ってきてくださったのでした。残る組は、まだ娘も小さかったこともあったのでお昼寝タイムにと一度ホテルに戻り、休憩後早いお夕飯に出ようと計画をしていたのですが、おやつにいただいた饅頭をせっかくだから食べよう！　となり、食べだしたら最後、どの種類もあまりの美味しさに、お夕飯はパスしてもいいからと結局全種類を完食してしまったほどでした。

野菜だけで作られた饅頭は、どこか頼りない感じのものかと想像していたのですが、想像を覆す美味しさでした。どの種類も野菜の組み合わせがよく、老麺で作られた生地はふっくらとのびがあり、しっとりとしていて、最初見た時は驚くほどの大きさなのですが、野菜と皮の味わいの良さでどんどん食べてしまいます。裏の工房で具材と皮を作り、店頭では、生地で包みあげ、次々に蒸していきます。包む手さばきが素晴らしくて、待つ間にその作業を見ているのも好きです。饅頭は、20～30分に1回2～3種類ずつ蒸すらしく、その時に行ってあったものを買います。注文は、事前に紙に書いて見せるといいと思います。私のお気に入りは、高《カオ》麗《リー》菜《ツァイ》包《バオ》（キャベツの包子）、雪《シュエ》裡《リー》紅《ホン》素《スー》包《バオ》（雪菜の包子）、四《スー》季《チー》豆《トウ》素《スー》包《バオ》（インゲン豆の包子）。どれも具材が細かく切られ、味なじみが均一で、ふっかりした生地にみっちりと詰まっていて、どこにもない美味しさです。他の種類は次回の楽しみになさってください。

國父紀念館　地図 p.135

住所　台北市光復南路419巷145號
電話　02-8780-1949
営業時間　6:00～14:00（なくなり次第終了）
定休日　第2・4月曜

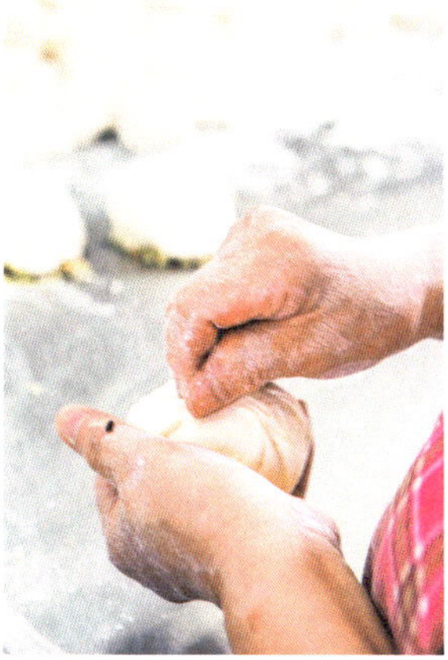

高麗菜包

四季豆素包

圍《ウェイ》爐《ルー》

みんなのリクエスト多数！
北方家庭料理の酸菜鍋

忠孝敦化駅周辺 地図 p.135

住所	台北市仁愛路四段345巷4弄36號
電話	02-2752-9439
営業時間	11:30〜14:00 17:30〜21:30
定休日	なし

毎回誰かしら台湾がはじめての友人と旅することが多く、私はリクエストを聞くことにしています。その筆頭に上がるのが、北方家庭料理の酸菜《スアンツァイ》鍋《クオ》が名物の圍爐です。台湾へ数度行った友人も、「ここは外せない！」と言うので、毎回来ていると言っても過言ではありません。

何しろ人気のお店なので、予約は必須。店内は多くの人で活気にあふれています。初回なら夜に、再訪ならセットになったランチがお得でおすすめです。真っ白なパリッとしたクロスがかけられた店内に座ると、小菜が運ばれてきて、好きなものを選びます。小菜をつまみつつ、お鍋を待つ間に、重要な各自のタレ作りが待っています。

このタレを作る調味料台を見た時のみんなの喜びようったらありません。腕まくりし、どのように食べようかとタレの調合に嬉々として取り組みます。全15種類ある調味料、はじめてですと、頼めばお店の方がやってくださいますが、好みもありますので、自分で調合するのがおすすめです。ポイントは、最初にあっさりとした味付けで食べて、徐々に濃い調味料（芝麻醤や豆腐乳など）を加えていくこと。香菜が好きな方は、別の椀に香菜をたっぷりと盛って自席へ。辛い味付けがお好きな方は生の唐辛子をぜひ。そうこうするうちに鍋が登場します。

筒状に煙突がのび、中に炭が入った鍋にはたっぷりの酸菜とスープが入っています。酸菜とは、中国北方地方でよく食べられる発酵させた白菜の漬物です。他にも酸菜鍋のお店はありますが、こちらのは海に囲まれた台湾らしく海産物が多く入り、より美味しいスープになっています。発酵の良い香りにほどよい酸味、海産物からの出汁と相まって、台湾に来るとどうしても食べたくなるのです。こちらの酸菜は細く切られたタイプで、スープとのなじみが良く、具材というよりも、酸菜自体がスープと一体化して他に入れた具材に絡みます。お肉は、牛、豚、羊と選べますが、お好きであれば、断然羊をおすすめします（分けて注文も可能です）。

鍋は人数分によって大きさが違ってきますので、人数に合わせて注文し、具材を追加してください。個人的に好きなのが、棒状に切られた凍豆腐です。スープを吸った凍豆腐は日本のものとは違った食感で人気です。店主のおすすめは、魚《ユー》餃《チアオ》だそうで、よく叩いた魚のすり身を皮に包み、くるりと端を丸めた餃子のようなもの。確かに食感もよくて美味しいです。青菜も、さっとくぐらせると歯ごたえも残っていて、肉の合間の口直しにもなります。最後に、お腹に余裕があるようなら麺類を。スープを存分に吸わせたいので、春雨がおすすめです。どんどん減っていくスープは、お店の方がその都度足してくださいます。炭の香りの中、湯気に包まれて大人と子供、大人数で鍋をつつくのは、楽しいひとときです。

豆腐乳
糖

北平都一處《ペイピントゥーイーチュー》

古典的な宮廷料理を汲んだ北京料理店

國父紀念館 地図 p.135

住所　台北市仁愛路四段506號
電話　02-2729-7853
営業時間　11:00〜14:00
　　　　　17:00〜21:00
定休日　なし

ある夜、台湾の友人が連れていってくれたお店です。國父紀念館の緑が見える通り沿いにあり、ガラス張りの店内は多くの家族連れで賑わっていました。創業60年以上の古くからあるお店は、今時のレストランではなく、家族何代かで通っているお店という雰囲気で、ゆったりと着席が出来、子供連れの私にとっては安心感がありホッとする店内でした。

旧正月近くに連れていってもらった時のこと。棗（なつめ）をたくさん使った蒸し菓子がありました。旧正月のお祝い用で、古典的な北京料理のお店だから棗がのっていて、台湾ではのせないよと友人が教えてくれました。北京料理らしさがメニューにも表れていて、粉もの料理が多く、こちらの芝麻醤焼餅《チーマーチアンシャオピン》は、スパイスと火の香りが香ばしくて、今まで食べた焼餅とは違いました。スパイスをホールで炒ってから挽いて、生地に混ぜ込んでいるとのこと。しかも、今も炭火で焼いているそうです。こまめに返しながら焼いているため、両面がふっくらと香ばしく焼けていて、一方を下にして焼くオーブンとは焼き上がりが違います。その焼餅に、醤猪肉《チアンチューロウ》（豚肉の香辛料煮込み）を挟んで食べます。とろりと煮込まれた豚肉はゼラチン質のところもあってとてもやわらかく、控えめな香辛料の香りが焼餅と合って、このふたつの組み合わせは、ここで食べるべきものだなと毎回思います。

それと、メニューにあると必ず食べる掠拌白菜心《リャンバンバイツァイシン》（白菜の和え物）。こちらのは、和えたてという感じで白菜の瑞々しさがあり、これを焼餅と醤猪肉と一緒に挟んで食べると食感が加わり、お気に入りの組み合わせとなりました。

店主の親類が、皇帝に仕える料理人だったそうで、そのお料理を受け継いだこちらのお店は、古典的な宮廷料理を汲んだお料理を作り続けているとのことでした。例えば、燴子雞《フイツーチー》という鶏肉料理は、やわらかく仕上げられた鶏肉と季節の野菜を上品に塩味で炒め煮にしてあり、宮廷料理というのがうなずけますし、家族で食べるのに丁度よい味付けです。店主の仰るとおり、料理は文化を学ぶことと通ずることがあるように思います。台湾では、各地方の料理が集まっており、お店ごとに地方の美味しさが詰まっていることに気が付きます。

清真中國牛肉館《チンチェンチョンクオニウロウクワン》

繁華街東區のひとつ入った路地にある
斤餅と牛肉麵店

忠孝敦化駅周辺　地図 p.135

住所	台北市延吉街137巷7弄1號
電話	02-2721-4771
営業時間	11:00～14:30 17:00～21:00
定休日	なし

東北地方の粉もの料理が好きなので、こちらの斤餅にも興味があり、はじめて店頭で焼かれている斤餅を見た時には、心躍りました。こちらの斤餅の特徴は、モチモチとしていて、のびるようにヒキのある生地です。すこしふっくらとしているような感じさえあり、塩分が効いた熱々の生地に、具材を巻いて頬張るのは、「台湾へ来たな～」と感じる至福のひとときです。

具材として注文するのにおすすめなのは、京醤肉絲《チンチアンロウスー》、合菜代瑁《ホーツァイタイマオ》、季節の青菜炒めです。斤餅は、甜麵醤《ティエンシアンチアン》付きと、斤餅だけのものがありますが、具材がしっかりとした味付けなので、甜麵醤なしの斤餅で十分かと思います。

店頭で見られる斤餅焼きの妙技は、素晴らしくて見ていて飽きず、みんなで羨望の眼差しを送ってしまいます。何しろ早いので、あっという間に次々に焼かれていきます。モチモチのびるような生地の斤餅は、開かずにそのまま上に具材をのせて巻きます。熱々もっちりとした生地はそのままでも美味しくて、何も巻かずにそのまま食べている子もいたほどです。

他に注文するなら、牛肉麵をぜひ。大人だけなら辛い紅燒牛肉麵《ホンシャオニウロウミエン》を、子供たちと一緒なら、辛くない澄んだスープの清燉牛肉麵《チントゥンニウロウミエン》を。麵が入っていないスープだけもありますので、斤餅をメインで食べたい時などは、他に注文するのはスープと小菜だけにするといいです。小菜は、いろいろありますので、ショーケースのところで選んでテーブルに持ってきてください。見た目ではわからずに、実は子供たちには辛い場合もあるので、まずは大人が食べてみてください。

こちらのお店、何しろ回転が早いので、混んでいてもすこし待てば入れます。各地方料理が集まる、台湾ならではの粉もの料理を楽しむ機会を一度は試していただきたいです。

清燉牛肉麵

棻《フェン》蘭《ラン》家《チア》廚《チュ》

きれいな味の皿がのぼる、「おまかせ」メニューのみの高さんのお店

東區の繁華街近く、マンションしかない路地裏に一軒だけある食堂。はじめて娘と訪れた際には、地図とにらめっこしながら半信半疑で辿り着きました。小さい入り口で私たちを笑顔で迎えてくださったことに安堵したのを思い出します。

メニューはおまかせのみというので、娘とふたり分をお願いすることに。その時に出てきたのが「十全十《シーチュエンシー》美《メイ》」。見た目に華やかさはなく地味なものでしたが、食べてみると、素材の選択や、切り方の変化、口に入った際の食感の違いまで考えられたものだとわかりました。白いごはんが一緒に出てきて、塩分は強くはないのにごはんと一緒に食べると本当に美味しい。旅行中は、白いごはんをあまり食べすぎないようにしているのですが、勢いのある私の食べっぷりに娘が心配したくらいでした。娘も自分が気に入った時には、食べる量に正直に出ます。かきこむようにごはんを食べて、2皿出たおかずもしっかりと最後まで飽きることなく完食してくれました。油分、塩分ともに適量で、どのお皿も通じてきれいな味です。全体が洗練されていて、食べて無くなってしまうのが惜しいくらいでした。

娘とふたりで「美味しかった！」と連呼する私たちに、厨房にいらした高さんが挨拶をしてくださいました。お話しを伺うと、美味しさの素は、調味料から手作りで、毎日仕入れること、素材が新鮮であること、自分が選ぶこと、素材が生きるように何種類も複雑に素材を使わないことだそうです。家庭料理の定番のトマト蛋も、自分がどのように食べたいか考えて、切り方や味付けなどを日々進化させていると仰っていました。見せていただいた厨房は、清潔で小回りが利き使いやすそうで、静かな微笑みの高さんらしさが詰まっていました。

「棻蘭家廚」を直訳すると、「フィンランド食堂」。ご自分の名前と、娘さんの名前を一字ずつ取り並べたら芬蘭（フィンランド）に偶然になったそう。芬蘭の家の台所、高さんの娘さんにも食べさせたというレシピがいっぱいのお店です。名前のままの美味しさが詰まった食堂に、これからも何度となく訪れて、家族と友人と、高さんのお料理を食べ続けられたらと思います。

忠孝敦化駅周辺　地図 p.135

住所　台北市八德路三段12巷70弄14號
電話　02-2570-6608
営業時間　11:30〜14:00
　17:00〜21:00
定休日　日曜

248
農學市集

好，丘
good cho's

midori／好《ハオ》,丘《チウ》

台湾産の無農薬果実やお茶を使った、爽やかなアイスクリーム

台北101・世貿駅 地図 p.135

住所	台北市松勤街54號C 棟
電話	02-2758-6907
営業時間	9：00～16：00
定休日	月曜、祝日

台北101が大きく見える足元に四四南村はあります。旧い集落だったところを保存してあり、そこの中心には好,丘という、台湾で作られた良いものや食材を扱う集合店があり、その前の中央広場では日曜日ごとにSimple Marketが開催されています。まわりは大きなビルが多くある地区で、この場所だけぽっかりと緑が多く、低く旧い建物が集合している一角はまるで違う雰囲気です。入り口には南方らしい大きな木があり、右側は山並みのように緑地化されていて、子供たちの絶好の遊び場所になっています。

子供たちが汗をかいて暑くなったら、好,丘の入口にある、アイスクリーム店「midori」のアイスを食べにいきます。無農薬の台湾果実や季節の素材を使ったアイスクリームやシャーベットは糖度も低く、喉に残るような甘さもなくて、汗をかいた身体に染み入る美味しさです。マンゴー、ライチ、台湾バナナに、蜜《ミー》香《シアン》紅《ホン》茶《チャー》など、季節によっていろいろと種類があります。

四四南村　地図 p.135	
住所	台北市松勤街50號
営業時間	9：00〜16：00
定休日	月曜、祝日

赤色のきれいな紅火龍果《ホンフオロンクオ》(ドラゴンフルーツ)はあっさりとした甘さに、粒粒の種の食感が楽しくて、湿度の高い日には美味しさがひとしおです。お店の方のおすすめ、碧螺春茶《ビールオチュンチャー》と台湾檸檬《タイワンニンモン》も軽い苦味と酸味で暑さを遠ざけてくれるような爽やかさでした。

好,丘と言えばベーグルが有名で、奥にはこのベーグルも食べられるカフェコーナーもあります。それと、台湾産の食材たちも見逃せません。調味料から、お菓子、蜂蜜、お茶など、ひと通り揃っています。セレクトショップでは、注意していないと台湾のものではなかったりするのですが、こちらはどれも台湾産ばかり。ガチョウ油とエシャロットで名高いlepontの辣油ははじめて見ましたし、台湾産ライチの蜂蜜やお酢、台湾の海藻だけを使ったゼリー菓子に、小分けになった台湾茶など。訪れる度に、棚の端から端まで見てしまいます。

百《バイ》果《クオ》園《ユエン》

台北随一の老舗の果物専門店

忠孝敦化駅周辺 地図 p.135

住所	台北市敦化南路一段100巷7弄2號
電話	02-2772-2010
営業時間	7:00～19:00 土　～17:00
定休日	日曜

台北の果物専門店で筆頭にあがるのが百果園です。台湾の果物は種類も多く、その季節ごとに美味しさがあります。店内にある多くの台湾産の果物は、その日の朝にお眼鏡にかなったものだけを仕入れていると、店主が話してくださいました。通常、20種ほどあるそうで、特別にオーダーした大きな冷蔵ショーケースには、端整な果物たちが並んでいて、ご進物にする方が多いというのもうなずけます。

私と娘の台湾でのお楽しみのひとつとして、必ず飲むのがすいかジュース。街中のジューススタンドでは、加糖していたり、当たり外れがあったりするのですが、ここのジュースはいつだって美味しく、もちろん砂糖も入っていません。台北で一番好きなすいかジュースです。

店内の果物の色に加え、中央にある果物のフレーバーウォーターサーバーを目にするとさらにワクワクが増します。子供たちの歓声を聞くのも楽しみ。こちらは、どなたでも飲むことが出来ますので、注文後の待ち時間にぜひ。

市場で買って食べるカットフルーツも美味しいのですが、旬の食べ頃の何種類も入ったこのお店のカットフルーツには太刀打ち出来ません。

暑い日なら、旬の果物を使ったアイスクリームのフルーツかき氷も忘れずに。手作りのアイスクリームは、常時9種類はあるそう。訪れる季節によってフレーバーが違うのは嬉しいですし、お気に入りを見つける楽しみがあります。

店主の陳さんは、台湾の果物はどれも素晴らしいが、中でも、パイナップルと一年中楽しめるメロンをぜひ食べてほしいと仰っていました。台東名産の芯まで甘い台湾のパイナップルは、確かに一度は食べてみてほしい台湾の味です。店内には、台湾産の果物を使ったジャムにドライフルーツ、お酢などがいろいろあり、旅の後にも台湾の果物に思いをはせ、美味しさを思い出させてくれるお店です。

手作りジャム 100元
果醤礼盒
880元

東《トン》區《チュー》粉《フェン》圓《ユエン》

作りたてが味わえる手作りの粉圓専門店

30年続く老舗の手作りの粉圓（タピオカ）の専門店で、毎朝作り立ての粉圓を味わえるのは台湾ならではです。東《トン》區《チュー》繁《ファン》華《フア》街《チエ》の中にあり、近辺で食事をしたら、食後の甘味を味わうために必ずと言っていいほど立ち寄ります。店内はいつも、地元台湾の人たちや観光客でにぎわっています。大きな黒糖タピオカのムチムチとした食感を楽しむのはもちろん、嬉しい悩みは、主体を8種類あるメニューから選び、毎朝すべて手作りする21種類もある具材から何をのせるか、ということです。

主になるものを、冷温、各4種類の中から決めたら、上にのせる具材をみんなで相談しながら決めます。おしること言うと、日本の甘くもったりとした感じのものを連想しますが、台湾のものは糖度が低く、どの豆もさらっと煮てあるのが特徴で、糖水も水分が多く、温かく薄甘いスープといった感じです。大人もびっくりするほど、子供たちがこのお豆のデザートを気に入って食べてくれます。豆や芋に植物由来の澱粉で作られた餅やお団子、白木耳に麦や蓮の実、どれも薄甘く煮てあり、食後にもするすると入っていきます。ひとつの量が多いので、冷たいのと温かいのをひとつずつ注文し、シェアするのがおすすめです。糖水はたっぷりで、薄甘く、潤っている甘味がたくさんある台湾には、いつだってまた来たいと思ってしまいます。

忠孝敦化駅周辺 地図 p.135

住所	台北市忠孝東路四段216巷38號
電話	02-2777-2057
営業時間	11:00〜23:30
定休日	なし

メニュー

温
- ◯ 紅豆湯 …… アズキスープ ＋ お好きな3種
- ◯ 焼仙草 …… 仙草ゼリー ＋ お好きな3種
- ◯ 糖水 ……… シロップ ＋ お好きな3種
- ◯ 豆花 ……… 温かい豆花 ＋ お好きな3種

冷
- ◯ 任選 ……… お好きな主体にお好きな具材4種
- ◯ 粉圓 ……… タピオカ ＋ お好きな3種
- ◯ 豆花 ……… 冷たい豆花 ＋ お好きな3種
- ◯ 綜合粉圓 … タピオカ ＋ おまかせ3種

庄頭豆花担《チュアントウトウフアタン》

日常にある、豆花を楽しむ習慣

忠孝敦化駅周辺　地図 p.135

住所　台北市市民大道四段73號
電話　02-8771-6301
営業時間　12:00～22:00
定休日　月曜

「豆花が好きだ」というのを、台湾に訪れる度に再確認します。東區の喧噪から離れて大きな道路を渡ると、台湾らしい翡翠色の店が見えてホッとします。暑い時季なら、こちらのシャーベット状になった糖水が恋しくなり、ついつい足を運びます。懐かしくなるような店内では、台湾の方が小さく語らいながら豆花を楽しんでいて、そこに交わるように席につきます。娘は私と同じく豆花が大好きで、定位置の金魚鉢の前の席で、注文の間まだかまだかと豆花を待ちます。こちらは、白い豆花と、めずらしい黒豆で作った豆花があります。どちらも豆の香りがしっかりとしていて、より豆の美味しさを味わうことが出来ます。

豆花屋さんでの楽しみのひとつに、上にのせる具材選び。すべて手作りの具材を何種類のせてもよく、下の豆花とのバランスを考えながら何をのせるか考えます。他店ではあまり見られない紫米《ツーミー》をやわらかく煮たものや黒糖石花凍《ヘイタンシーフアトン》（台湾産寒天）、カボチャのピュレ、めずらしいひよこ豆、定番の芋圓《ユーユエン》に粉圓《フェンユエン》、紅豆《ホントウ》、緑豆《リュートウ》、大薏仁《ターイーレン》（ハトムギ）もあります。糖水は台北風のさらっとした、甘みの淡いものです。夏場はシャーベット状になった糖水、他には豆漿シロップもあり、有糖か無糖が選べます。冬場には温かい豆花も食べられます。

台湾の甘味屋では、老若男女関係なく、ひとりで、友人同士で、家族で楽しんでいる風景を見ることができます。台湾の人たちと一緒に豆花を食べて過ごす時間は、私にとって、台湾に来たということを実感する大切な時間です。

閲楽書店《ユエローシューティエン》

池のそばにある、音楽が静かに流れる喫茶店

國父紀念館　地図 p.135

住所　台北市光復南路133號
（松山文創園區内）

営業時間　12:00～19:00

松山文創園區《ソンシャンウェンチュアンユエンチュー》（→p.90）の中にある池の前に、大きな木に囲まれた平屋の旧い建物があります。元は託児所として使われていた翡翠色の建物は、今は、本がたくさん並ぶ喫茶店になっています。店主は、誠品書店勤務後にこちらのお店を開いたそうで、名前にあるように、棚には多くの本が並んでいました。

高い木に囲まれて光が穏やかに差し込む高い天井の店内は、心地よい音量で音楽が流れ、ゆったりと席が配されていて、本の背表紙を眺めると、台湾の本だけではなく日本の本も多くありました。ハンドドリップのコーヒーを注文すると、クラシカルなワッフル菓子が添えられていました。紅茶の種類も豊富で、たっぷりとした大きさのティーポットでサーブされます。どこか懐かしい雰囲気のお店は、時間を忘れてゆっくり出来ます。

こどもと
ひとやすみ

松《ソン》山《シャン》文《ウェン》創《チュアン》園《ユエン》區《チュー》

台北101や國父紀念館に近く、旧い煙草工場をリノベーションした松山文創園區は、デザインミュージアムをはじめとした展覧会用施設やビオトープ、書店もある、台北市最大級の文化施設です。デザインミュージアムはもちろん、旧い倉庫を改装した展覧会施設では子供が楽しめる展示が多く催されており、滞在前には毎回スケジュールをチェックしておきます。

緑を多く配した広い敷地内では、台北の中心地でありながら、車の心配をせずに散歩が出来るというのも貴重なポイントで、ベビーカーでもゆったりと散策出来ます。中央には、台北最大級の書店「誠品書店」やホテルが入った大きな集合施設があり、食事をしたり、ひと休みしたり、台湾の多くの本や台湾産の食材や雑貨なども選ぶことが出来ます。建物の地下には世界一にも選ばれたパンを作っているパン屋さんが入っています。

台湾の新しい集合施設には、子供用休憩室やオムツ交換台なども完備されているので、安心して散策が出来るのも嬉しいところです。こちらではパスポートを見せれば、観光客でもベビーカーを借りられる嬉しいサービスもあります。

中央にあるバロック式庭園も素敵で、必ずここを通ります。噴水があり、ちょっと面白い動物の像があるので、子供と散歩しながらひと休みします。工場時代に消防用として使われていた池は、ビオトープとして生まれ変わり、池の傍はデッキになっていて、お茶をしたり、水鳥を眺めたり出来ます。水辺と緑の向こうには多くのビルが立ち並び、緑とビルが共存する台北らしさを感じます。

松山文創園區 地図p.135

住所　台北市光復南路133號
園外：24時間開放
園内の室外エリア：8：00～22：00
園内の室内エリア：9：00～22：00
その他店舗により営業時間は異なる

佳興魚丸店《チアシンユーワンティエン》

ぷりぷりの食感が楽しめる魚丸のスープ

迪化街 地図 p.136 C

住所	台北市延平北路 二段210巷21號
電話	02-2553-6470
営業時間	月〜土　9:00〜19:00 日　9:00〜18:00
定休日	なし

雙連朝市を散策して、民生西路《ミンションシールー》を迪化街に向かって散歩を続けると、軽いお昼ごはんやおやつにぴったりのお店があります。魚丸《ユーワン》という主に鮫のすり身で作ったお団子のお店で、60年以上も続く老舗です。台湾の人は「QQ《キューキュー》」と言って歯ごたえがとても良いのを好みますが、こちらの魚丸の食感に最初に食べた時は驚きました。ふわっとしながらもぷりぷりで、すり身の中には、味付けがしっかりとした豚餡が入っています。店内では、お店の方たちが常に魚丸を丸めていて、大きな鍋で次から次へ茹でています。現地のお客がひっきりなしに訪れていて、目の前でどんどんなくなっていき、人気ぶりがうかがえます。

いつも注文するのは、「三色丸湯《サンソーワンタン》」という三種類の具が入ったスープ。魚丸と香菇丸《シアンクーワン》（椎茸のお団子）と豚肉包みが入った欲張りなものです。ひとつずつ入ったスープもあるので、お好みで注文してみてください。お腹に余裕があれば、乾麺もぜひ。シンプルな麺に甘辛いタレがかかった和え麺を、よく混ぜて召し上がってください。

你《ニー》好《ハオ》我《ウォー》好《ハオ》

台湾と日本をつなぐ、青木由香さんのギャラリー

南京西路から迪化街《ティーホアチェ》に入り、涼州街《リャンチョウチェ》までくると落ち着いた雰囲気になり、その奥に続く地区は建物もより一層と美しくなっていきます。迪化街によく訪れるようになったのは「你好我好」が出来てから。台湾在住のエッセイストであり、コーディネーターもなさっている、青木由香さんとご家族の伊禮武志さんがはじめられたギャラリーは、涼州街通りに入ったすぐにあります。台湾をさらに好きになった理由のひとつが、青木さんの本に出合ったことでした。今では、台湾を紹介する著書が多数ある青木さんの日本で刊行された最初の本でした。それまであった本とは一線を描き、愛すべきものや、台湾に住む人のあたたかさ、その土地にある温度や湿度が高く感じられる本でした。

その思いが、新しいギャラリーの名前にも表れています。「你＝you 好＝good 我＝me 好＝good」台湾の良いものを日本の方へ。日本の良いものを台湾の方へ。という思いで、新しい場を開かれたそうです。企画展を催し、常設として台湾と日本の良いものが並んでいます。

台北で扱っている色が随一という大同電鍋が店頭に色鮮やかに並び、奥には、「鄭惠中布衣服」の美しい色の布ものが多く並べられています。「品墨良行」の線が美しくてシンプルなデザインのノートは、ついついたくさん購入してしまいました。台湾の美味しいものもあり、日本の方が焙煎されている阿里山の珈琲は、小さく小分けにされているので、試してみるのにぴったりですし、プレゼントしていただいて味わいに感激した日月潭《リーユエタン》の紅茶もあります。ミャオさんのジャムは、フレーバーが台湾らしく、はっとするような味わいがあり、大きさも選べるので嬉しいです。花生酥《ファションスー》というピーナッツ菓子はサクッとしたヌガーのようなお菓子で、この会社のものは特別に美味しく感じます。ピーナッツをことさらに好む台湾らしさを感じるこの菓子を、必ずこちらで購入しています。

企画展も興味深いものが多く、台湾に訪れる際には、何が催されているのかチェックして予定に組み込みます。青木さんとご家族が提案する新しい場で、台湾と日本の良いものが交わる場面に立ち合えることが楽しみでなりません。

迪化街 地図 p.136 C

住所　台北市涼州街45號
電話　02-2557-6665
営業時間　12:00〜18:00
定休日　水曜

鹹《シエン》花《フア》生《ション》西《シー》點《ティエン》麵《ミエン》包《バオ》舗《ブー》

旧い建物と中庭が美しい珈琲館

迪化街 地図 p.136 C

住所　台北市迪化街一段197號一進
電話　02-2557-8679
営業時間　月～木　12:00～24:00
　　　　　土日　11:00～24:30
定休日　なし

「台湾らしい」とイメージされる、色にあふれている問屋街、迪化街はここ数年で様変わりしました。記憶にあるような風景もあるのですが、街中には、ゆったりとひと休み出来る場所が増えました。裕福な商人たちがこぞって作った旧いバロック建築の街並みが保護されながら、その建物をリノベーションして新しい店舗が出来ています。京都の町家のように、細長く作られているために、回廊のように真ん中に庭があり、新しい店舗はどこも明るくて緑豊かで気持ちがいいのです。

建物は、前の方が「鹹花生」、中庭があって奥がレストラン「孔《コン》雀《チュエ》」になっており、上は小さなホテルになっています。入り口からは想像も出来ないくらい奥行きと広さがあります。手前の咖啡館は、天然酵母のパンが数種あり、タイミングが合えば出来立てのシナモンロールと阿里山珈琲が楽しめます。ドリンクの注文の際に悩んでいると、メニューをていねいに説明してくださいました。旅先ではそういった小さいことでも嬉しく感じます。

豊《フォン》味《ウェイ》果《クオ》品《ピン》

端正な果実が並ぶ、果物専門店

迪化街 地図 p.136 C

住所　台北市迪化街一段219號
電話　02-2557-6763
営業時間　10:00〜19:00
定休日　なし

こちらは、直接契約している数十人の果物生産者からの、採れたての果物が毎日並びます。自分たちで見つけてきた信頼する生産者の果物を、適正価格で販売していて、台南や台東にある産地からのたくさんの果物で、店内はいい香りで満ちています。ひとつひとつが美しく陳列され、奥のカウンターでは、この果物を使ったジュースやカットフルーツが食べられるので、子供たちとの休憩に最適です。お店の方に見立ててもらった果物を買って、ホテルで楽しむのもおすすめです。

龍《ロン》都《トゥー》冰《ピン》果《クオ》専《チュアン》業《イエ》家《チア》

創業 90 年以上になる老舗かき氷店の「八つの宝がのったかき氷」

龍山寺　地図 p.137 F

住所　台北市廣州街168號
電話　02-2308-3223
営業時間　11:30～深夜1:00（週末の金・土は深夜2時まで）
定休日　なし

龍山寺にお参りに行くとなったら外せないお店があります。小豆、金時豆、緑豆、ピーナッツ、タロ芋、白玉、芋丸《ユーワン》（白いタロ芋餅）、脆圓《ツイユエン》（ピンクのタロ芋餅）この八つがのる「八寶冰《バーバオピン》」（八つの宝がのったかき氷）と言えば、このお店です。台湾に行くようになってから何度となく通う名店で、店頭の冷房のきいていないところで食べると、かき氷の美味しさをさらに実感出来ます。最近のかき氷は、氷が粗いタイプが多くなってきましたが、こちらはふわふわの氷が健在です。八寶冰以外の他のかき氷も美味しくて、どれを選んでも間違いなしです。マンゴーの季節でしたらマンゴーかき氷をぜひ。氷のふわふわ感に、カットされたマンゴーの大きさやシロップもバランスが良くてあっという間に食べてしまいます。もうひとつのおすすめがジュースです。その場で作ってくれますので、かき氷を食べてから、持ち帰りにして、移動しながら飲みます。地元の人、観光客、多くの人たちで賑わう有名店ですが、何年も変わらず人気があるのには理由があるなといつも思わせてくれます。

福《フー》州《チョウ》元《ユエン》祖《ツー》 胡《フー》椒《チァオ》餅《ピン》

龍山寺に来るたびに、
立ち寄る胡椒餅店

最初に台湾に訪れた際に、『食在台湾』という本に載っていた胡椒餅というものが食べたくて探し回った時のことです。胡椒餅の写真と龍山寺にあるということしか書いておらず、なかなか見つけられませんでした。そのとき、白髪の老紳士が「何を探しているの？」と声をかけてくださいました。その紳士は、現地に住んでいるという日本人の方で、「場所は知らないが聞いてあげる」と、数人に聞いてお店まで案内してくださり、やっと見つけることが出来ました。注文までしてくださったその方は、「良い旅を」とすっと去っていかれました。やさしさに感謝しつつ、やっと現物に出合えた胡椒餅は、見てみたかった作業風景と共にそこにありました。目の前で次々に包まれていく胡椒餅は、粗く叩かれて調味された豚肉餡を発酵した小麦粉の皮に包み、そこに小口切りにした葱をたっぷりとくっつけるようにして最後を包み込む。熱さもなんのその、タンドールのような貼り窯に貼り付けて焼いていき、底と上面がガリッとするくらいに香ばしく焼き上げられて、熱々を袋に入れて渡してくれます。手で割るのは困難なほど熱く、かぶりつくしかありません。肉汁も相当に熱いので気を付けてください。粗く刻まれた豚肉はほんのり甘く、八角の香りがしていて、思っていたよりも胡椒の辛みは強くはありませんでした。火が通り葱の甘さが増しているように感じます。生地の表面と底が香ばしく焼けていて、むっちりとした生地とのコントラストがたまらなく美味しいのです。

白髪の紳士が探し出してくれた、参道から横道に入るこの路地の胡椒餅は、台湾をさらに好きになる理由のひとつになりました。

龍山寺 地図 p.137 F

住所　台北市和平西路三段109巷2弄5號
電話　02-2308-3075
営業時間　9:30～19:00
定休日　なし

神《シェン》農《ノン》市《シー》場《チャン》 MAJI FOOD&DELI

セレクトされた有機食材、自然派食品や生活雑貨

圓山駅の目の前は、元は花博があった跡地が公園と複合施設になっています。奥には美術館と公園、横も芝生の公園になっていて、空が近い空間が広がります。跡地施設には、家族で楽しめるエリアが多くあり、台湾の名物が食べられるフードコートもあります。

駅前広場では、ほぼ毎週末、台湾各地から出店しているファーマーズマーケットが開かれているので、こちらをのぞくことにしています（HP『花《ファ》博《ボー》農《ノン》民《ミン》市《シー》集《チー》』で開催日を確認してください）。台湾各地の野菜や、少数民族の見たことのない形の粽、切りたての果物にしぼりたてのジュース、梅酵素のアイスクリームや茶葉で燻した卵などいろいろと試しながら散策します。

すこし歩くと右手側にある神農市場は、有機、自然派食品や台湾各地の名産品、生活雑貨を扱ったお店です。調味料をはじめ、よくセレクトされた食材たちが並んでいるので、週末マーケットの際には必ず立ち寄ります。広くはない店内ですが、調味料はセレクトがよく、一番

圓山駅周辺 地図 p.137 E

住所	台北市玉門街1號
電話	02-2597-7126
営業時間	平日11:00～21:30 土日 10:30～21:30
定休日	なし

揃っていると思います。試してみたいものも多く、家で常備している調味料も置いてあるので重宝しています。南門市場コーナーなどがあり、南門市場に行かずとも調味料ならこちらでも揃いますし、神農賞コーナーでは、賞を取った優れた商品が並び、台湾各地の銘菓コーナーや、麺も各種揃っています。冷たいものを飲みたくて、冷蔵コーナーをのぞいたら、涼やかで目にもきれいなフレーバーウォーターが並んでいました。元は水出しのお茶を入れるガラスのボトルに、台湾産の有機果実と野菜が組み合わされたフレーバーウォーターが入っていました。果物と野菜に水を加えただけなので、砂糖も入っておらず、爽やかな風味で喉を潤すことができます。

士《シー》林《リン》の2つ前の圓山駅。子供たちが走り回れる芝生の公園に、台湾各地の食材たちが集まる圓山。夜市に行く途中にでものぞいてみてください。

こどもと
ひとやすみ

猫《マオ》空《コン》ロープウェイ

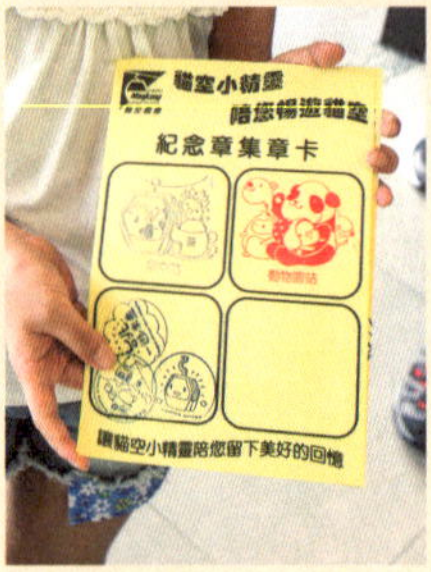

台北の中心地から、1時間もかからずに緑濃い山頂に行ける場所があります。木柵鉄観音の茶葉の産地でもある猫《マオ》空《コン》です。台北中心地からMRT文湖線「動物園駅」まで20分ほど。そこから5分ほど歩くと、猫空ロープウェイの「動物園駅」に着きます。南方らしい濃い緑が生い茂る山並みを鳥の声を聞きながら、のんびりとロープウェイに乗り、移動しながら見える遠くの街や豪華な廟。山間で暮らす人の家や畑に、山道を歩くトレッキングの人たち。繁華街から近いということを忘れてしまいます。

頂上につくと、空気の良さに驚きます。台北市内は車が多く、空気が良いとは言えませんので、ここに来ると思いっきり深呼吸します。お茶の産地のため茶藝館が点在しているので、そこでゆったりと過ごすのもひと案です。

子供と、着いたらまずのお楽しみが、駅から降りて何件かあるお茶屋さんのソフトクリームです。猫空なので、だいたいどこも猫型の可愛らしいクッキーがつき、猫空産の鉄

観音や包茶などの味があり、爽やかなお茶の風味で甘さも淡く、暑い時季にうれしく感じます。子供たちと、遠くまで続く山間を見ながらソフトクリームで涼をとり、ひと休みします。帰りに、「動物園内」駅で降りて、動物園に行くのもおすすめです。

週末は混み、平日でも時間によってはかなり並ぶことがあるので、時間に余裕をもって行くことをおすすめします。ロープウェイは、平日の午前中に行くとすいていることが多いのでスムーズに乗れます。降りる駅までのチケットを入り口の券売機で買い、中に進みます。普通のゴンドラと、クリスタルと呼ばれる下の部分も透明になっている人気のものと2種類あり、どちらでも十分に景色は楽しめます。

猫空ロープウェイ　地図 p.133

住所　台北市猫空
電話　02-2181-2345
時間　火～木9:00～21:00　土、祝日8:30～22:00
金、祝前日9:00～22:00　日、祝日連休最後の日8:30～21:00
定休日　月曜

Beher 生活廚房《ションフオチューファン》

台湾の食材でひとつひとつ作られたジャムと調味料

「Beherさんが言うのなら絶対に美味しい！」というのが、台湾へ一緒に行く友人たちとの合言葉です。台湾で買った本の中にあった、白く広い空間に並ぶ見目麗しいジャムを食べてみたい、このお店にいつか行ってみたいなと思っていたら、友人が紹介してくれました。

Beherさんのアトリエは、街路樹の美しい富錦街《フージンジェ》にあります。奥のキッチンでは料理教室、手前では生活雑貨や選ばれた食材と、台湾産の果実や食材で作られた手作りのジャムが並びます。花蓮のファーマーズマーケットを手伝っていた際に出会った自然農法の生産者のみなさんと、台湾の食材を使うことによる連携によって何か出来ないかと考えていたそうです。この台湾の食材を使いBeherさんが作るジャムや、オリジナルの調味料たちは、美しい店内で光って見えました。

例えば、大好きなグアバのジャムは、彰化地方《チャンフアティファン》で神農賞をとったグアバを使って作られていて、時期によって皮が緑色のもの（果実は白）、紅い果実のもの、瓶の中で2色になっているものもあります。香りが素晴らしく糖度も丁度よく仕上がっています。いつも定番のものがある

富錦街 地図 p.135

住所　台北市富錦街354號1樓
電話　02-2765-2646
※現在は、会員制の私設図書館「Beher 食物研究図書館」となり、料理教室やイベント開催時のみアトリエを開放

とは限らず、時季の果物で作られているので、今回は何かなと訪れた際にいつも楽しみでなりません。もうひとつの好物が、台湾産有機黒糖で作り、ドライ龍眼の実が入っているミルクジャム。香ばしくもあり、ふくよかなのに後味がしつこくなくて、どなたにプレゼントしても喜ばれます。家にある調味料で重宝しているのが、「手《ショウ》工《コン》薑《チアン》油《ヨウ》」です。台東産有機生姜を油でじっくりと炒め煮にしてある調味料で、台東の農家さんにお願いして作ってもらっているそうです。生姜のぴりっとした風味と油は、何にかけても相性がよく、大きめの瓶にも関わらず、美味しさに負けていつも買ってしまいます。発酵が得意なBeherさん。麹も麹種から作っていて、ご自身の料理教室で紹介なさっています。台湾の美味しい果物を使った酵素ははっとする美味しさで、そのまま飲みたくなるような蜂蜜ビネガーも自然発酵させたものです。

料理教室がメインで、購入出来る物は多くはないですが、ここでしか味わえないものがあり、彼女の笑顔と食材に会いに、立ち寄らずにはいられません。

蘇《スー》杭《ハン》點《ティエン》心《シン》店《ティエン》 民生支店

台湾最後の食事に訪れたい
笑顔あふれる點心店

富錦街　地図 p.135

住所　台北市民生東路四段76號
電話　02-2716-0696
営業時間　11:00～20:00
定休日　なし

中正紀念堂近く、古亭駅のそばにある蘇杭點心店の支店が富錦街に出来ました。空港に荷物を置いてきてもワンメーターで来られる距離なので、一番最後の食事をこちらで出来るようになりました。

点心はもちろん、こちらの小菜は種類が多く、美味しいものが多いのでいつも悩みます。台湾の大好物の青菜で龍《ロン》髭菜《シューツァイ》というのがあります。つる科の植物で先がくるんとしていて、ねばりもなくサクッとした食感で淡泊な味わい。この龍髭菜の和え物が大体いつもあるというのも嬉しいです。酸《スアン》豆《トウ》といういんげんのお漬物もおすすめです。小龍包やへちまと海老の小龍包を注文し、他に何かごはんものをということなら、寧《ニン》波《ボー》排《パイ》骨《クー》蛋《タン》炒飯《チャオファン》をぜひ。卵たっぷりの炒飯に、衣もスパイスも少なくやわらかい排骨が乗っていて、横に酸豆が添えられています。このすこし酸味のある漬物を炒飯に混ぜながら食べるのが美味しいのです。メニューが多いので悩むところですが、スープも蒸し餃子も美味しいので、お腹を十分にすかせて来店するのが良いかと思います。

飛行機の中で食べる用にパイの持ち帰りもおすすめです。数種ありますが、手作りで繊細な食感のパイは、大根とネギ、タロ芋とひき肉、甘い小豆とあり、小さめなサイズが丁度よいです。小菜も持ち帰りが出来るので、機内で食べる用に買うのもいいと思います。

滞在中、一度は食べたい小龍包。最後にもう一度、という方にもこの立地はおすすめですし、本店と同じく、お店のみなさんがにこやかに働いていらっしゃるので、最後の食事でさらに「台湾にまた来たいな」と思ってしまいます。

台中

台湾人が一番住みたい都市と言われる台中。気候が台湾一安定していて、旧く美しい建物や文化施設が多い緑が豊かな街です。台湾高鉄（台湾の新幹線→p.146）で台北から約50分と近く、日帰りも可能です。移動距離が短くて新幹線にも乗れ、台北とはまた違った楽しみがありますので、台北ともうひとつ違う街に行ってみたい、子供連れでのんびり散策したいという方におすすめです。

國立台湾美術館から國立自然科學博物館を結ぶ草《ツァオ》悟《ウー》道《タオ》（グリーンベルト）は、中央が緑地帯公園になっています。緑が多く、ところどころ遊具もあり、子供と散歩しながら移動するのにぴったりの道です。週末には催しもあり、賑やかになります。グリーンベルト両側には店が多くあり、休憩にも困りません。起点になる國立台湾美術館は、現代美術を多く展示している台湾最大級の美術館です。広い本館、まわりのさらに広い敷地には、インスタレーショ

ンとして旧い書の塔が多くあり、回遊できるような緑道になっていて、多くの家族連れが散策しています。常設展示は無料で、階下には子供専用の絵本コーナーに、奥にはプレイルームも設けられていて、少し気温が上がった日など、館内で休憩するのにぴったりです。別館には、台中発祥のタピオカミルクティーの春水堂、ゆったりとお茶を楽しめる秋山堂（→p.128）があり、ひと休みも出来ます。

國立台湾美術館　地図 p. 137	
住所	台中市西區五權西路一段2號
電話番号	04-2372-3552
営業時間	9:00～17:00 土日　～17:00
休館日	月曜

明光堂
眼鏡 鐘錶 行
時裝
魅力
睡衣 內衣
熊の食
三代老店 肉包
正第二市場 餛飩湯
欧品
服飾精品
三民路二段
台中市

市場
姑娘精品
售市場
名鋪
天美銀樓
永泰商行
艾琳
精品
百貨
雪莉
男裝
線行
銀樓

顔《イエン》記《チー》肉《ロウ》包《バオ》

台中の食巡りのスタートに

もうすぐ100周年という第二市場の正面左手すぐにある、肉包と餛《フン》飩《トゥン》湯《タン》だけのお店です。こちらは古く今は3代目と4代目でやっていらっしゃるとのこと。

台中に着くと、まずはこちらで餛飩湯と肉包を最初に食べます。餛飩は、台湾でよく見る具がたくさんの大きなものではなく、小さくつるんとひと口で食べられる大きさです。餡はとても滑らかで、豚肉をかたまりから捌き筋をていねいに取り除いてよく叩いているとのことで、喉越しがよく、子供たちにも大好評です。スープは豚骨から取られていて、台湾らしい塩分の穏やかな味わいが餛飩と相性がぴったりです。子供と一緒に食べる際には、「不《ブー》加《チア》胡《フー》椒《チアオ》（胡椒を抜いてください）」とお願いするといいです。

肉包も小さくてなじみのある大きさです。具は粗く叩いてあり、しっかりとした味付けで、そのままで、十分に美味しくいただけます。夏場なら、期間限定の緑豆湯と蓮《リェン》子《ヅ》湯《タン》がおすすめで、氷砂糖で作られたやさしい甘さの糖水に蓮子と白木耳の冷たい湯は、一気に体温を下げてくれて、次は何を食べようかとリセットしてくれます。市場巡りの助走にぴったりのお店です。

第二市場　地図 p.137 G

住所	台中市三民路與台灣大道一段路口的
営業時間	10:00～21:00

台中・第二市場　地図 p.137 G

住所	台中市三民路二段103號
電話	04-2225-3234
営業時間	8:00～17:30
定休日	第1・第3火曜

三《サン》代《タイ》福《フー》州《チョウ》意《イー》麺《ミエン》老《ラオ》店《ティエン》

創業100年になる市場のはじめからある意麺屋

台中・第二市場 地図 p.137 G

住所	台中市三民路二段 1之7號
電話	04-2220-4335
営業時間	8:30～18:30
定休日	水曜

意麺《イーミエン》というと台南をすぐに思い出しますが、台中でも古くから食べられていたそうです。強力粉に卵だけで練った細い平麺で、コシを重要としない台湾の麺の中ではめずらしく、コシのあるつるっとした麺です。乾麺という和え麺で食べるのが通常で、上に甘辛く煮込まれた肉そぼろがかかってきます。その熱々をよく混ぜてからいただきます。この意麺は、店で作られていて、店頭におかれた麺が少なくなると、裏の方から打ち立ての麺が追加されてきます。台湾でこういった乾麺と組み合わせて注文するのが湯（スープ）です。こちらの湯は、歯ごたえの良い魚丸が入ったもので、塩分の淡い湯に甘辛い意麺がぴったりです。

台湾の個人商店でよく目にするのが、何代か一緒に働かれている場面。3、4、5代目が一緒に店頭に立っていらっしゃって、3代目のおばあさまの笑顔が素敵でした。店の入れ替わりが多い台湾ですが、古くから続く店も多く、いつ訪れてもそこにある、というのは旅する時には心強いものです。

天《ティエン》天《ティエン》饅《マン》頭《トウ》

小さな露店の
小さな揚げ饅頭

台中・第二市場 地図 p.137 G

住所　台中市中正路182巷
電話　04-2225-0868
営業時間　9:00～19:00
定休日　ほぼなし

第二市場正面そばの路地にある小さな露店です。初代店主が日本人から習って作ったという小豆餡が入った小さな揚げ饅頭は、卵が入ったあっさりとしたドーナツのような生地で餡が包まれており、ひと口かふた口で食べられる大きさです。この揚げたてのお饅頭が並んでいる風景を見たら、大人も子供も買わずにいられません。丁度、私たちが買っているところに小さな子供が来てお母さんにおねだりしていました。

さっくりと揚がった生地の甘みはほんのり。台湾ではめずらしく餡が甘めで、日本らしさがここに残っているように感じます。こちらも創業は古く60年以上続いていて、2代目と3代目が店頭に立っていらっしゃいました。市場と市場の周りは代々続くお店が多く、歴史があることを感じます。食後に揚げ饅頭を食べながら、散歩は続きます。

山《シャン》河《ホー》魯《ルー》肉《ロウ》飯《ファン》

市場で食べる、子供に人気の魯肉飯

台中・第二市場　地図 p.137 G

住所　台中市中區三民路二段
電話　04-2220-6995
営業時間　5:00～15:00
定休日　水曜
※週によって変更する場合あり

広い第二市場の中央近くに小さな食べもの店が集まっているところがあり、その一番端のひと際広い場所にあります。子供連れで台湾を旅する時に有難いのは、ごはんものと麺類が豊富にあり、小吃店なら量も多くなく注文しやすいというところです。特に、魯肉飯は子供たちに人気なので助かります。広く開かれたキッチンの前には、やわらかく煮込まれた魯肉、同じタレで煮込まれた豆腐、季節のスープに小菜が並んでいます。外帯《ワイタイ》（テイクアウト）のお弁当の注文も多く、列に並び待ちます。この煮込まれた豆腐が美味しいそうだなと見ていたら、人気があるようで、みなさんその豆腐をお弁当に入れていました。

こちらで魯肉飯を注文すると、台北とは違い、そぼろ状の肉の上に大きな塊肉ものってきます。台北などでの「肉燥飯《ロウツァオファン》」はそぼろ状のお肉だけで、調べてみると、台中以南ではそぼろ状だけのものがのっているのを肉燥飯というらしく、地方での違いがありました。やわらかく煮た豚肉は、色は濃いのですが、塩分が強い訳ではなく、子供と一緒に美味しくいただけます。このタレで煮た豆腐はさすがの美味しさで、あったらぜひ一緒に。卓上にある唐辛子調味料はお店の手作りで、小魚が入っためずらしいもの。生唐辛子の香りの中に小魚の旨味があり、途中いろいろなものにかけて楽しみました。市場の喧噪の中で食べる食事というのは、美味しさも楽しさも倍増します。

今《チン》日《リー》蜜《ミー》麻《マー》花《ファ》之《チー》家《チア》

長い間愛されている、台中銘菓

第二市場で見つけて買った蜜麻花（蜜がけのやわらかい揚げ菓子）を持ち歩いていると、いろいろな人に「美味しいよ！」と声をかけられました。台中の友人に工房のことを聞いたら「おもしろいから行ってみたら？」と言われ、連れていってもらうことに。マンションの一階をのぞくと、多くの人たちが生地をのばし、揚げて、蜜に絡めて、包装しています。作業風景に見とれていたら、「奥に入って！」とお店の人に言われて入ると、奥が販売所になっていて、蜜麻花の他にも数種お菓子があり、購入出来ました。

蜜麻花は、創業50年以上のこのお店の独自の揚げ菓子で、やわらかいかりんとうのような生地の真ん中に切り込みを加えねじり、揚げると花が開いたように揚がります。そこに麦芽糖などをブレンドした蜜を絡めると蜜麻花になります。揚げたてを食べてみると、サクッとした軽やかな食感の生地にしっとりと蜜が絡んでいて美味しく、お茶菓子にぴったりです。中華菓子にある麻花は、歯ごたえがしっかりとした生地ですが、こちらのはさっくりとやわらかく、初代店主が「小さい子もご年輩の方も食べやすいように作っていますよ」と話してくださいました。時間をおいて蜜がしみ、しっとりとした蜜麻花もまた独自の食感で、こちらもお茶に合います。

一度食べてファンになり、その都度お土産にしている百《パイ》香《シアン》巧《チアオ》菓《クオ》は、カリッとした食感の胡麻の入った生地の揚げ菓子で、ほんのりとした甘さと食感の良さで後をひく美味しさです。使っている胡麻もこちらで炒ってから使ったり、台湾産のピーナッツを使ったりと、美味しさを50年以上変えずに作っているそうです。奥の販売所では、いろいろな年代の方が購入されていて、長い間みんなに愛されているお菓子なのだとわかります。

台中　地図 p.137 G

住所　台中市中興街中興7巷12號
電話　04-2305-2099
営業時間　10：00～21：00
定休日　日曜

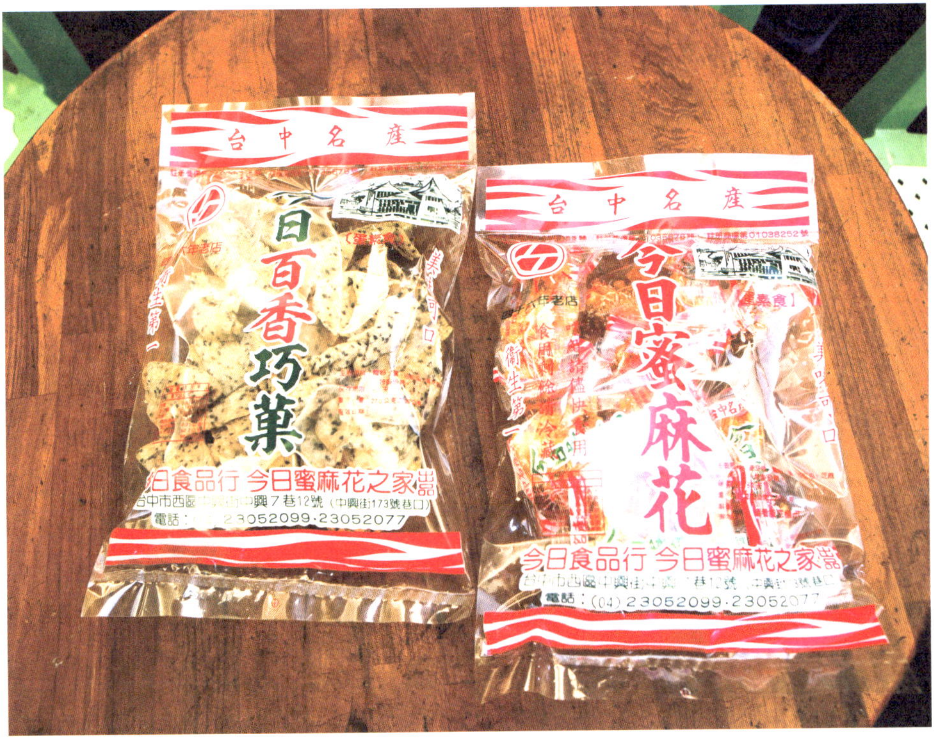

TU PANG 地《ティー》坊《ファン》餐《ツァン》廳《ティン》

台湾各地の素材で作られるアイスクリーム

台湾の食材に造詣の深い台湾の友人が、ぜひ食べてほしいと紹介してくれたのがこちらでした。店主の張さんは、台湾の素晴らしい食材を使ってアイスクリームを作りはじめた方で、生産者さんに直接会いに行き、アイスクリームの素材のほとんどが台湾のものを使っているそうです。生産者の方を訪ねる際の基準は、環境によく、食べて安全であり、もちろん美味しいこと。また、その生産者さんとは価値そのままに仕入れるということを決めていらっしゃいます。はじめて食べた際にはあまりの美味しさに、友人と立ち上がってしまうほどでした。

季節によってアイスクリームの種類は変わりますが、常に10種類以上あるそうです。果物のアイスクリームの種類は、ほとんど乳製品を使っていないから口どけがなめらかではないよ、と張さんは仰ってましたが、十分になめらかで口どけがよく、どちらかというとジェラートに近い食感です。

新しく出来たこちらのレストランでは、食後にアイスクリームが楽しめます。例えば、台南のオーガニックパイナップルを使ったアイス、甘くて香り高い愛文マンゴーに、酸味があり味にメリハリのある地マンゴー2種類を混ぜたマンゴーアイス、台東のフレッシュオーガニックローズを2種類使ったローズアイスに、東方美人茶を緑茶の抹茶にして仕上げた緑茶アイス、屏東の質の良い黒胡麻を使った黒胡麻アイスなど。大好きな紅グアバで作ったアイスの香りの良さには目をつぶって堪能しました。他にも台湾らしい、すいかにさつま芋、台湾のお米を使っためずらしいものもあります。その時に、特別に作っていただいたアイスクリームがありました。香りの良いバニラのアイスクリームに、台湾産の自然農法ピーナッツを低温で炒って、プレスしたオイルをかけて塩をぱらっとふったもの。口に入れた瞬間の美味しさはもちろんですが、なくなるのが惜しいほどのバランスの良さで、最後の最後まで食べたくてグラスの底をスプーンで何度もすくいました。

台中 地図 p.137 G

住所　台中市五權西六街96巷13號
電話　04-2375-5098
営業時間　火　18:30～21:00
水日　12:00～14:00
18:30～21:00
定休日　月、木、金、土

細粉籽《シーフェンツー》 油工房《ヨウコンファン》

小さな工房で出合える、作りたての油

台中

地図 p.137 G

住所　台中市西區向上北路278號
電話　04-2302-0626
営業時間　月　9:00～17:00
　　　　　火～金　～19:00
　　　　　土　14:00～19:00
定休日　日曜

張さんのお店「TU PANG 地坊餐廳」（→p.122）で出合い、美味しさに感激したオイルの工房です。子供に質の良い油を食べさせたいとの思いではじめられた女性ふたりの工房で、自然農法のピーナッツオイルは、普通は殻ごとプレスするところを、豆だけを取り出しコールドプレスしているそうです。口に含むとピーナッツの良い部分だけを飲んでいるような感じで、どのように料理しようかと思いを巡らせます。

試飲させていただいた、ふたつの胡麻油の芝麻油《チーマーヨウ》、香油《シアンヨウ》も工房で焙煎、コールドプレスしています。新鮮な出来立ての油の香りと後味の良さに驚きます。他にも台湾の人が好きな苦茶油（椿科の植物油）に亜麻仁油、すべて化学処理せずにプレスしているそうです。

アイスクリームからオイルの「美味しい」がつながり、嬉しいご縁になりました。

無《ウー》為《ウェイ》草《ツァオ》堂《タン》

茶藝発祥の地にある
中庭の大きな池を囲む茶館

台中 地図 p.137 G

住所　台中市公益路二段106號
電話　04-2329-6707
営業時間　10:30～22:30
　土日　～23:00
定休日　なし

台中と言えば、昔から写真でよく見る、中庭に池がある茶藝館にいつか行ってみたいと思っていました。街中に急に現れる緑に覆われた古い門。門をくぐり、奥に進むと入口からは想像も出来ないくらいの広さです。池を囲むように建てられた日本式と中国式が合わさったような建物には、座敷の部屋、椅子とテーブルの部屋、いろいろな雰囲気の大小たくさんの部屋があります。池の上には東屋もあり、どこからも中央の池が見えてのんびりとお茶をいただくことが出来ます。子供たちは鯉がたくさんいるこの池に大喜びです。お店の方が鯉のエサをサービスでくださり、池に東屋がせり出しているところから、子供たちは鯉にエサを投げ入れて喜んでいます。私たちは、子供らの笑顔を眺めながら、功夫式で阿里山のお茶をゆったりといただくのがここでの過ごし方です。

阿三哥担仔麵《アーサンコータンツーミェン》

たくさんの台湾料理が味わえるお店

台中　地図 p.137 G

住所　台中市青海路一段27號
電話　04-2313-9017
営業時間　16:30～3:00
定休日　火曜

台北では、いろいろな地方の中華料理を食べることが多く、台湾料理らしいものを食べることが実は少ないです。台中在住の日本人の方に「日本から友人が来たら必ず案内する」と教えていただいた店です。低いテーブルに低い椅子、昔からのスタイルで食事が出来るのと、家族連れが多く、台湾らしい料理が網羅できるので、台中に来ると足を運びます。

プリプリのイカのすり身を揚げた花枝丸《ファチーワン》、担仔麵《タンツーミエン》、、肉燥飯、蛤と生姜たっぷりの蛤仔湯《コーツータン》、台湾の大根の漬物が入った卵焼きの菜脯蛋《ツァイプータン》、しっとりとしたガチョウの鵝肉はお店の方のおすすめです。子供たちには炒飯もありますし、季節であれば台湾の筍のおさしみも。白苦瓜を薄く切っただけのものが爽やかで特に気に入りました。店頭では、屋台のように調理するコーナーがあり、見るのも楽しいです。子供と一緒に昔からのスタイルで夕食をとり、台北とはすこし違う夜を過ごすことが出来ます。

左上から時計まわりに
季節青菜
冷筍沙拉
花枝丸
炒飯
苦瓜沙拉
鵝肉
蛤仔湯
菜脯蛋

秋《チウ》山《シャン》堂《タン》

光が差し込む穏やかなお茶時間

台中 地図 p.137G

住所	台中市五權西路1段2號B1 (國立台湾美術館内)
電話	04-2376-3347
営業時間	11:00～22:00
定休日	なし

國立台湾美術館（→p.111）の中には、2カ所お茶の出来る場所があります。ひとつは、台湾茶と茶器が楽しめる秋山堂、もうひとつは台中発祥のタピオカミルクティーが名物の春水堂です。

秋山堂は、天井が高くて広い店内に光が差し込み、中庭が見え、ゆったりとひと休みするのに最適です。店主自らが見つけてきた、阿里山の半発酵烏龍茶のみを取り扱い、功夫式で淹れるお茶は、最初にお店の方に淹れ方を教えていただいてから、後は自分で淹れて楽しみます。毎回思うのは、この所作、湯気と茶器、設え……その場に入る時からお茶を楽しむ時間がはじまっているということ。日本にはないお茶の淹れ方を、子供と一緒に試してみるのも旅の楽しい時間です。お子さんが小さく、静かな空間が気になってしまわれる時には、隣の春水堂がおすすめです。その時の気分や状況で選べるのもいいところです。

三《サン》時《シー》茶《チャー》房《ファン》

台湾でよく飲まれる、杏仁茶の専門店

台中 地図 p.137 G

住所	台中市太平路107巷11號
電話	04-2225-1930
営業時間	平日　13:00～21:30 土日祝日　12:00～21:30
定休日	第2、第4木曜日

最初に訪れた際に、台湾の友人が夜に案内してくれて、「ここを？」と不安になるような細くて暗い路地をぐんぐんと進んでいき、必死に追いかけました。奥には、ぽーっと明かりが光る窓があり、翡翠色の壁と朱色の札、台湾らしい風景が目の前にあり、期待が高まりました。

杏仁茶は、杏仁を水につけたものを石臼でひき、水で割り温めたもので、台湾の方は、油條を浸しながらよく食べています。石臼でひいているのと、とろみをつけるために玄米をいれているので、他にはない香りの良さがあり、たっぷりあるのに飲んでしまいます。それと、杏仁《シンレン》豆腐《トウフー》ももちろん忘れずに。もっちりとした口どけの杏仁豆腐は、杏仁霜で作るものとはまったく違い、種の穏やかな香りが自然で、もうひと口、もうひと口と、あっという間になくなってしまいます。

私のお土産　台湾に行くと必ず買って帰る、常備している食材です。

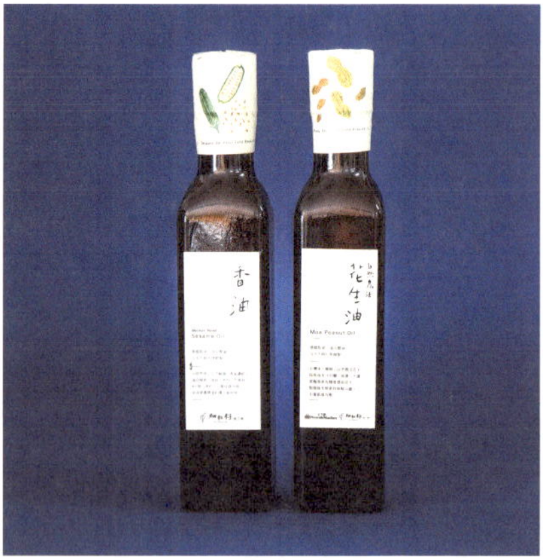

「高級香酢」 恒泰豊行

玄米から作られる琥珀色のお酢は、香りも味も何とも上品で、そのまま飲んでもよいくらいです。糖度も高く穏やかで、和え物や点心につけて食べるのにぴったりです。

＊神農市場MAJI FOOD & DELI(p.102)、南門市場(p.38)で購入可。

「香油」「花生油」 細粉籽 油工房 (p.124)

小さい工房でコールドプレスされたオイルは、香りが良いのはもちろんですが、味わいが一辺倒ではなく、かつ軽やかです。しぼりたての質のよい油に出合えて感激しました。

＊オイルはTU PANG 地坊餐廳(p.122)でも購入可。

「手工薑油」 Beher 生活廚房 (p.106)

台東産有機生姜を油でじっくりと炒め煮にしてある調味料です。生姜がたっぷりと使ってあり、ぴりっとした辛みと良い香りがして、少し足すだけで一気に風味が増す、頼もしい調味料です。＊現在はアトリエ非公開の為購入不可。

「芝蔴醬」 信成油廠股份有限公司 (p.12)

この芝蔴醬は、胡麻のペーストだけではなく、少しだけピーナッツペーストも調合されており、コクと華やかさがあります。くどさはなく、和え物や鍋物に重宝しています。

＊デパートの食品売り場でも購入可。

「鳳梨酵素」 清浄母語 (p.54)

こちらの酵素は、今までと味わいがまったく違い、「美味しい！」と素直に思って飲めるものでした。自社農園で栽培している有機パイナップルで作った酵素は甘酸っぱく、そのままで飲めてしまいます。

「凍頂茶梅」 沁園 (p.51)

美味しさに負けて、重たいのに買ってしまう台湾土産のひとつが、この茶梅です。凍頂烏龍茶で漬け込んだ甘酸っぱい梅は、台湾茶によく合うお茶請けです。甘すぎず後味が爽やかで、喜んでもらえる一品です。

「蜜香紅茶」 青田茶館・敦煌書廊 (p.48)

自社茶園のお茶は、文字通り、「蜜」のような甘露のような香りがするお茶です。台湾のお茶は総じて香りが良く、ほのかに立ち上る湯気と共に香りも楽しみます。量も程よく、美味しく飲みきれるサイズです。

「Cranberry Walnut Granola」 Granola House

台湾産の素材を主に使ったグラノーラです。焼いたものを手で大きく割ってあり、つまんで食べるのに丁度よく、甘さもほどよい。チョコレートがついたタイプもおすすめです。

＊綿花田、天和鮮物 (p.64)、誠品書店などで購入可。

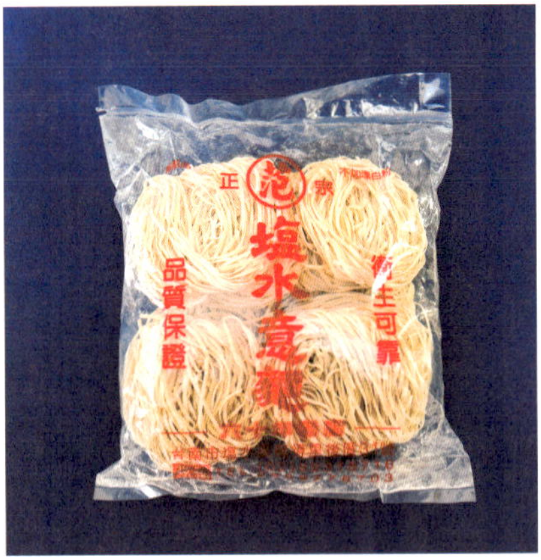

「塩水意麵」榮宗食品

ここの塩水意麵は別格の美味しさです。つるんとした舌触りとコシがあり、和え麵で食べると、特に引き立ちます。台南の工場まで行った友人が教えてくれました。

＊雙連朝市（p.10）の真ん中あたりにいる、移動販売車の八百屋で購入可。

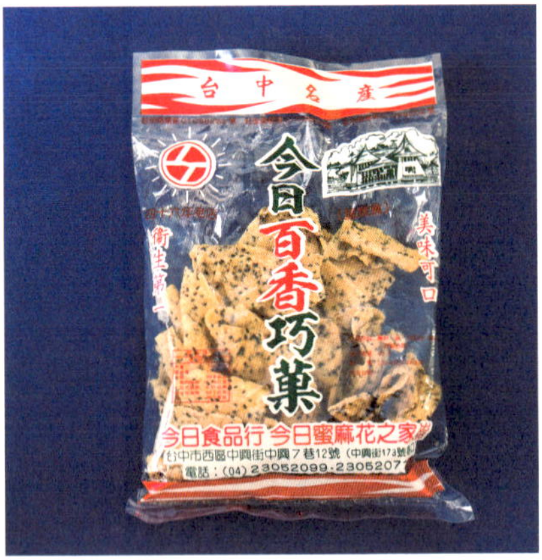

「今日百香巧菓」今日蜜麻花之家（p.120）

台中銘菓の蜜麻花を作っている工房の黒胡麻の揚げ菓子です。厚めの生地に黒胡麻がたっぷりと入り、小気味よい食感と、ほんのりとした甘さに胡麻の香ばしさがたまりません。

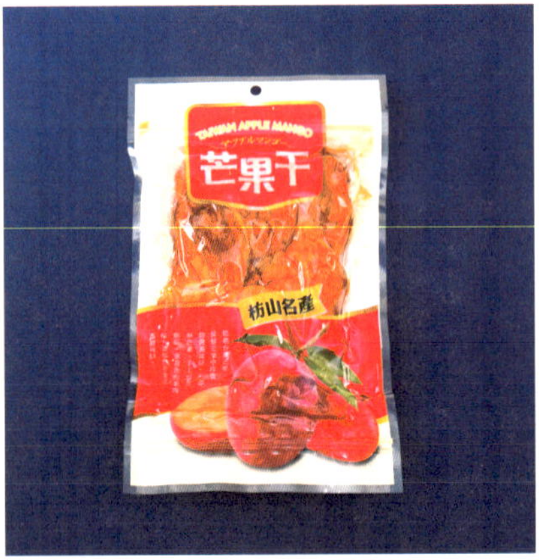

「芒果干」緑豆蒜啥咪（p.32）

マンゴーの名産地、屏東県出身の店主が営むお店で見つけたセミドライマンゴーです。マンゴーからの蜜でしっとりとした果肉は、甘さはもちろん、香りもとびきりです。

「土鳳梨酥」オークラ プレステージ台北（The Nine 烘焙坊）

喜ばれるお菓子の代表、パイナップルケーキです。「土鳳梨」という台湾原種の甘酸っぱいパイナップルを餡にしています。甘味と酸味のバランスよい餡と、リッチな生地。素敵なパッケージに歓声が上がります。

地図

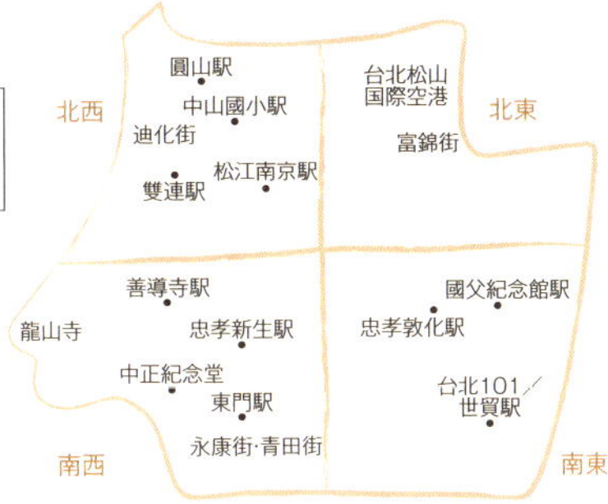

北西
圓山駅
中山國小駅
迪化街
雙連駅
松江南京駅
台北松山
国際空港
北東
富錦街
善導寺駅
國父紀念館駅
龍山寺
忠孝新生駅
忠孝敦化駅
中正紀念堂
東門駅
台北101／
世貿駅
永康街·青田街
南西
南東

A 台北周辺図
剣潭駅
↑士林駅
淡水MRT信義線
大直駅
劍南路駅
西湖駅
港墘駅
文德駅
碧湖公園
內湖駅
→南港展覽館駅
↖徐匯中學駅
淡水大橋
●忠烈祠
基隆河
大佳河濱公園
三和國中駅
淡水河
大同區
圓山駅
●台北市美術館
新生公園
三重國小駅
E 圓山駅周辺
台北松山
国際空港
新北市
三重區
三和夜市●
台北橋駅
菜寮駅
中山國小駅
台北大橋
民權西路駅
中山區
松江南京駅
MRT文湖線
松山機場駅
三重駅
雙連駅
松山區
南港駅→
中山駅
忠孝大橋
台北駅
南京復興駅
松山駅
台北車站駅
台湾鐵路
昆陽駅
←先嗇宮駅
中興大橋
南港區
南港展覽館駅→
西門駅
善導寺駅
MRT板南線
市政府駅
後山埤駅
大漢大橋
中正區
忠孝新生駅
忠孝敦化駅
南港公園
永春駅
忠孝復興駅
●台北市政府
F 龍山寺
國父紀念館駅
中正紀念堂
江子翠駅
台北101／世貿駅
萬華駅
中正紀念堂駅
東門駅
大安區
大安駅
MRT淡水信義線
象山駅
●永春崗公園
台湾高鐵·台湾鐵路
大安森林公園
信義區
萬華區
古亭駅
B 台北市街図
六張犁駅
↙板橋駅
中正橋
台電大樓駅
麟光駅
華中河濱公園
華中大橋
新店溪
頂溪駅
公館駅
公館夜市
MRT中和新蘆線
永和區
福和大橋
辛亥駅
中和區
景安駅
永安市場駅
萬隆駅
動物園駅
桃園国際空港
松山空港
台北
●臺北市立動物園
萬芳醫院駅
文山區
萬芳社區駅
木柵駅
動物園駅
猫空纜車
動物園内駅
景美駅
台中
秀朗大橋
MRT松山新店線
七張駅
景美溪
新店區
指南駅
台南
新店區公所駅
台東
猫空ロープウエイ
p.104
N
0
100km
MRT小碧潭支線
小南門駅
猫空駅
N
0
2km

C 雙連駅周辺/迪化街
D 永康街・青田街周辺
大橋頭駅
民權西路駅
中山國小駅
圓山駅
晴光市場
台北大橋
台北橋駅
延平北路二段
重慶北路二段
承德路二段
民權東路一段
民權東路二段
錦州街
中山北路二段
民生東路一段
民生東路二段
迪化街
保安街
雙連駅
民生西路
寧夏路
赤峰街
淡水河
松江路
行天宮
吉林路
行天宮駅
新生北路二段
緑豆蒜啥咪
p.32
伊通街106巷
伊通街
長春路
四平街
延平河浜公園
環河快速道路
建成公園
ホテル・ニッコー・タイペイ
p.144
中山區
林森公園
南京西路
中山駅
南京東路一段
南京東路二段
松江南京駅
塔城街
延平北路二段
重慶北路一段
承德路一段
台北當代藝術館
長安西路
中山北路一段
梁記嘉義鶏肉飯
p.30
松江路90巷
松江路123巷
レオフーレジデンス
p.144
種福園斤餅牛肉面店 松江店
p.26
北門駅
忠孝西路二段
市民大道一段
長安東路一段
新生高架道路
承恩門
台北駅
市民大道二段
台北車站駅
台湾鐵路
台北凱撒大飯店
延平南路
MRT淡水信義線
忠孝東路一段
善導寺駅
北平東路
VVG Thinking p.61
華山1914文化創園區
天和鮮物
p.64
昆明街
西寧南路
武昌街一段
襄陽路
國立台灣博物館
成都路
台湾鐵路・台湾高速鐵路
西門駅
衡陽路
懷寧街
公園路
中山南路
忠孝東路二段
忠孝新生駅
徐州路
林森南路
紹興南街
濟南路二段
東雅小厨
p.58
二二八和平公園
p.40
台大醫院駅
中華路一段
濟南路三段
總統府
銅山路
新生南路一段
MRT中和新蘆線
博愛路
重慶南路一段
仁愛路一段
仁愛路二段
金山南路一段
龍山寺駅
重熙門
愛國西路
信義路一段
小南門駅
中正紀念堂
p.40
杭州南路二段
東門市場
大安森林公園駅
愛國東路
東門駅
大安森林公園
中正紀念堂駅
萬華駅
台北植物園
國立歷史博物館
南門市場
p.38
鼎元豆漿
p.36
永康公園
莒光路
南海路
重慶南路二段
南昌路二段
愛國東路
金華街
金山南路二段
永康街
新生南路二段
西藏路
中正區
和平西路二段
潮州街3巷
潮州街
麗水街
金華公園
青田街七巷
牯嶺街
羅斯福路一段
MRT松山新店線
南海路
三元街
和平西路一段
和平東路一段
國興路
寧波西街
泉州街
古亭駅
台湾師範大學
師大路
重慶南路三段
師大夜市
青年公園
水源路
河堤公園
牯嶺街
頂溪駅
台電大樓駅

B 台北市街図

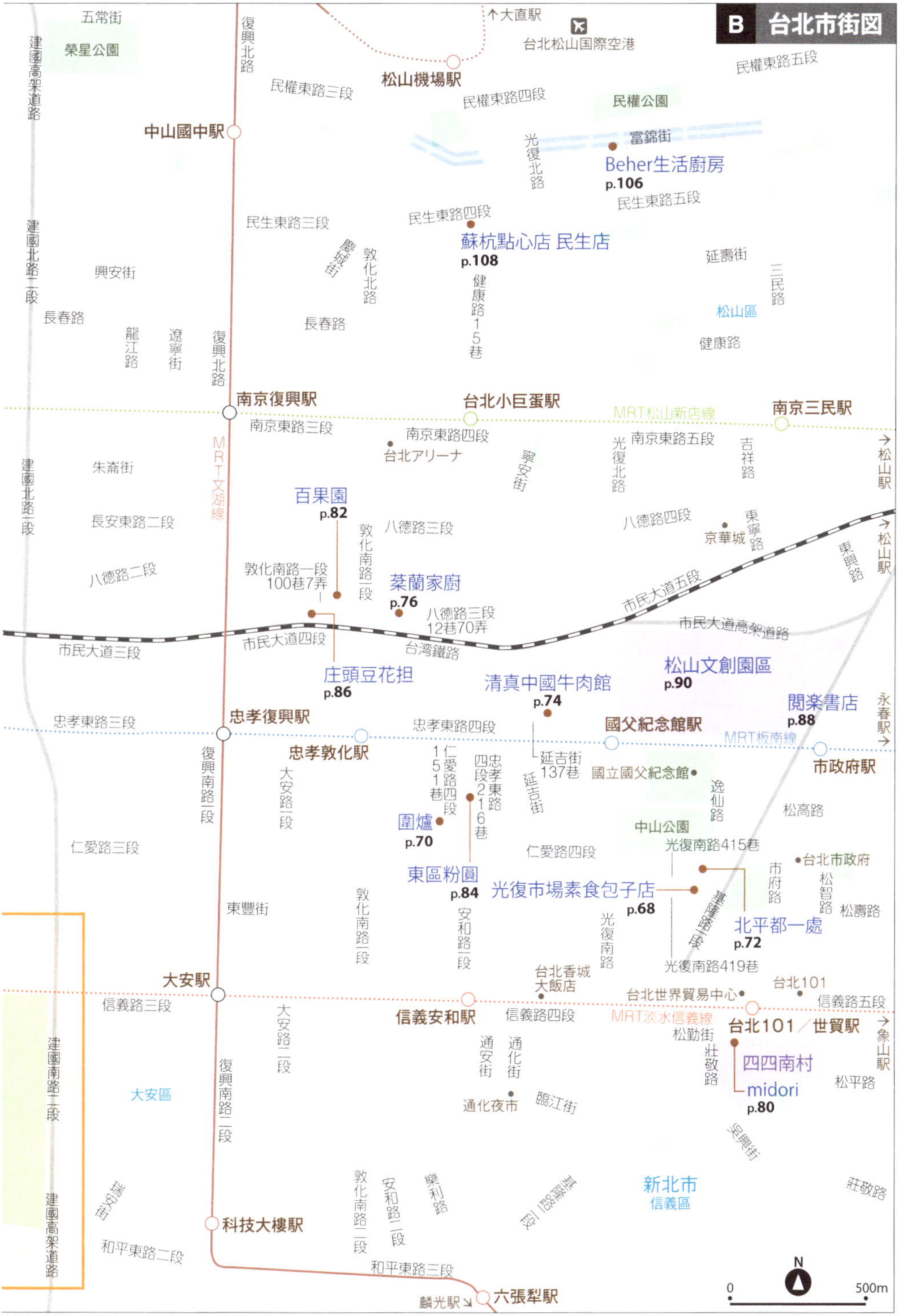

五常街
榮星公園
建國高架道路
復興北路
↑大直駅
台北松山国際空港
松山機場駅
民權東路三段
民權東路四段
民權東路五段
民權公園
中山國中駅
光復北路
富錦街
Beher生活廚房
p.106
民生東路五段
民生東路三段
民生東路四段
蘇杭點心店 民生店
p.108
慶城街
敦化北路
延壽街
三民路
建國北路二段
興安街
健康路15巷
松山區
長春路
龍江路
遼寧街
健康路
南京復興駅
台北小巨蛋駅
MRT松山新店線
南京三民駅
南京東路三段
南京東路四段
台北アリーナ
南京東路五段
吉祥路
→松山駅
MRT文湖線
寧安街
光復北路
建國北路一段
朱崙街
百果園
p.82
長安東路二段
敦化南路一段
八德路三段
八德路四段
京華城
東寧路
→松山駅
東興路
八德路二段
敦化南路一段100巷7弄
菜蘭家廚
p.76
市民大道五段
八德路三段12巷70弄
市民大道高架道路
市民大道三段
市民大道四段
台湾鐵路
庄頭豆花担
p.86
清真中國牛肉館
p.74
松山文創園區
p.90
閱楽書店
p.88
永春駅→
忠孝東路三段
忠孝復興駅
忠孝東路四段
國父紀念館駅
MRT板南線
市政府駅
忠孝敦化駅
復興南路一段
大安路一段
仁愛路四段151巷
忠孝東路四段216巷
延吉街137巷
延吉街
國立國父紀念館
逸仙路
松高路
圍爐
p.70
中山公園
仁愛路三段
仁愛路四段
光復南路415巷
台北市政府
東區粉圓
p.84
光復市場素食包子店
p.68
市府路
松智路
松壽路
基隆路一段
北平都一處
p.72
東豐街
敦化南路二段
安和路一段
光復南路
光復南路419巷
台北香城大飯店
台北101
大安駅
台北世界貿易中心
信義路五段
信義路三段
信義安和駅
信義路四段
MRT淡水信義線
台北101／世貿駅
→象山駅
松勤街
大安路二段
通安街
通化街
莊敬路
四四南村
建國南路二段
復興南路二段
midori
p.80
松平路
大安區
通化夜市
臨江街
吳興街
瑞安街
敦化南路二段
安和路二段
樂利路
基隆路二段
新北市
信義區
莊敬路
科技大樓駅
建國高架道路
和平東路二段
和平東路三段
N
0
500m
麟光駅↘
六張犁駅

C 雙連駅周辺/迪化街
台北橋駅
迪化街二段
延平北路三段
重慶北路三段
大龍街
蘭州公園
承德路三段
↑圓山駅
中山北路三段
雙城街17巷
撫順街
雙城街
大橋頭駅
民權西路駅
中山國小駅
台北大橋
民權西路
MRT中和新蘆線
民權西路
消防隊
防癆協會
ソーレ雙連
民權東路一段
延平北路二段272巷
大橋頭朝市
淡水河
迪化街一段
重慶北路二段
寧夏路
MRT淡水信義線
民生西路45巷
中山北路二段137巷
豊味果品
p.97
涼州街
承德路二段
錦西街
圓山老崔菜包
p.13
你好我好
p.94
安西街
民樂街
延平北路二段
錦西街
錦西公園
錦州街
環河北路一段
迪化街一段
大稻埕公園
少年警察局
興城街
雙連街
文昌宮
中山北路二段
林森北路
馬偕醫院
歸綏街
信成油廠股份
p.12
人和園雲南菜
p.14
鹹花生
西點麵包舖
p.96
歸綏街
永樂市場
歸綏公園
豆花莊
p.20
萬全街
雙連駅
民生西路
民生東路一段
民生西路
民生西路
赤峰街44巷
台北アンバサダー
ホテル p.143
佳興魚丸店
p.93
重慶北路一段
寧夏路
寧夏夜市
p.22
承德路一段
赤峰街
民生西路66巷
雙連朝市
p.10
JCBプラザ
中安公園
林森北路
朝陽公園
塔城街
N
0
200m
古早味豆花
p.21
雙連圓仔湯
p.18
JCBプラザ
ラウンジ
↓中山駅
長春路

D 永康街・青田街周辺
江記東門豆花
p.34
忠孝新生駅↑
信義路二段
臨沂街75巷
新生南路一段
信義路三段31巷
←金山南路一段
MRT中和新蘆線
東門市場
p.34
東門駅
信義路三段
杭州南路二段25巷
MRT淡水信義線
↙中正紀念堂駅
大安森林公園駅
p.56
→大安駅
東海萊姆園
p.66
麗水街
郵政聰局
永康街
愛國東路
永康公園
永康水果園
p.66
永康街31巷
建國高架道路
沁園
p.51
新生南路二段
麗水街9巷
金華街
六品小館
p.44
永康街47巷
清淨母語
p.54
建國南路二段
大安森林公園
p.56
金山南路二段
金華街
金華公園
潮州街
新生南路二段46巷
宜和餅店
p.46
潮州街
青田街
手天品社區食坊
p.52
青田街8巷
麗水街
青田茶館/敦煌畫廊
p.48
台灣
師範大学図書館
古亭駅
和平東路一段
和平東路一段
羅斯福路二段
MRT中和新蘆線
MRT松山新店線
師大路
龍泉街
泰順街
溫州街
和平東路二段
新生南路三段
紫藤廬
p.50
師大夜市
新生南路三段16巷
N
0
200m

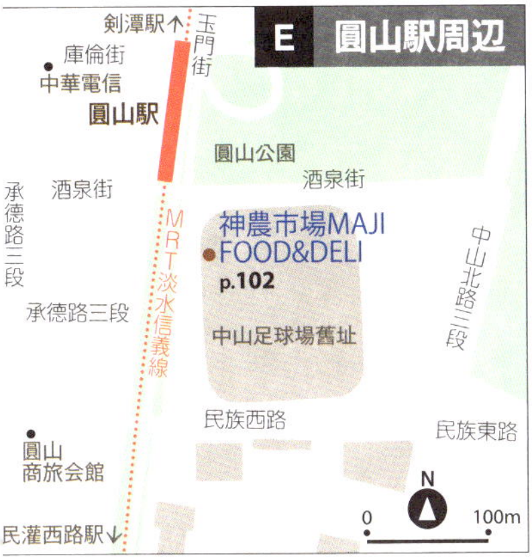

E 圓山駅周辺
剣潭駅↑
玉門街
庫倫街
中華電信
圓山駅
圓山公園
酒泉街
承德路三段
酒泉街
神農市場MAJI FOOD&DELI
p.102
MRT淡水信義線
中山北路三段
承德路三段
中山足球場舊址
民族西路
民族東路
圓山商旅会館
0
100m
N
民權西路駅↓

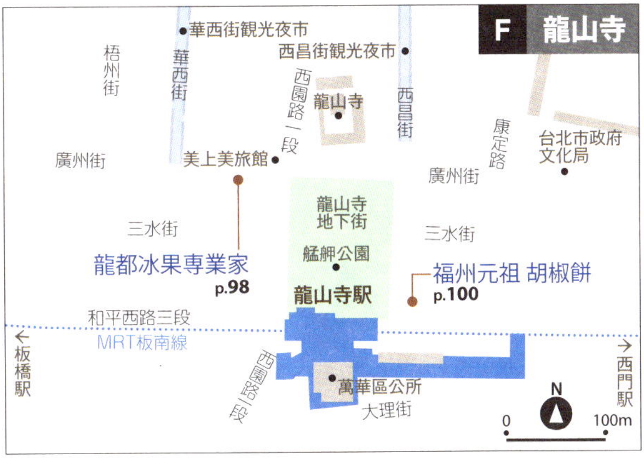

F 龍山寺
華西街観光夜市
西昌街観光夜市
梧州街
華西街
西園路一段
龍山寺
西昌街
康定路
台北市政府文化局
廣州街
美上美旅館
廣州街
龍山寺地下街
三水街
三水街
艋舺公園
龍都冰果專業家
p.98
福州元祖 胡椒餅
p.100
龍山寺駅
和平西路三段
MRT板南線
←板橋駅
西園路二段
萬華區公所
大理街
→西門駅
N
0
100m

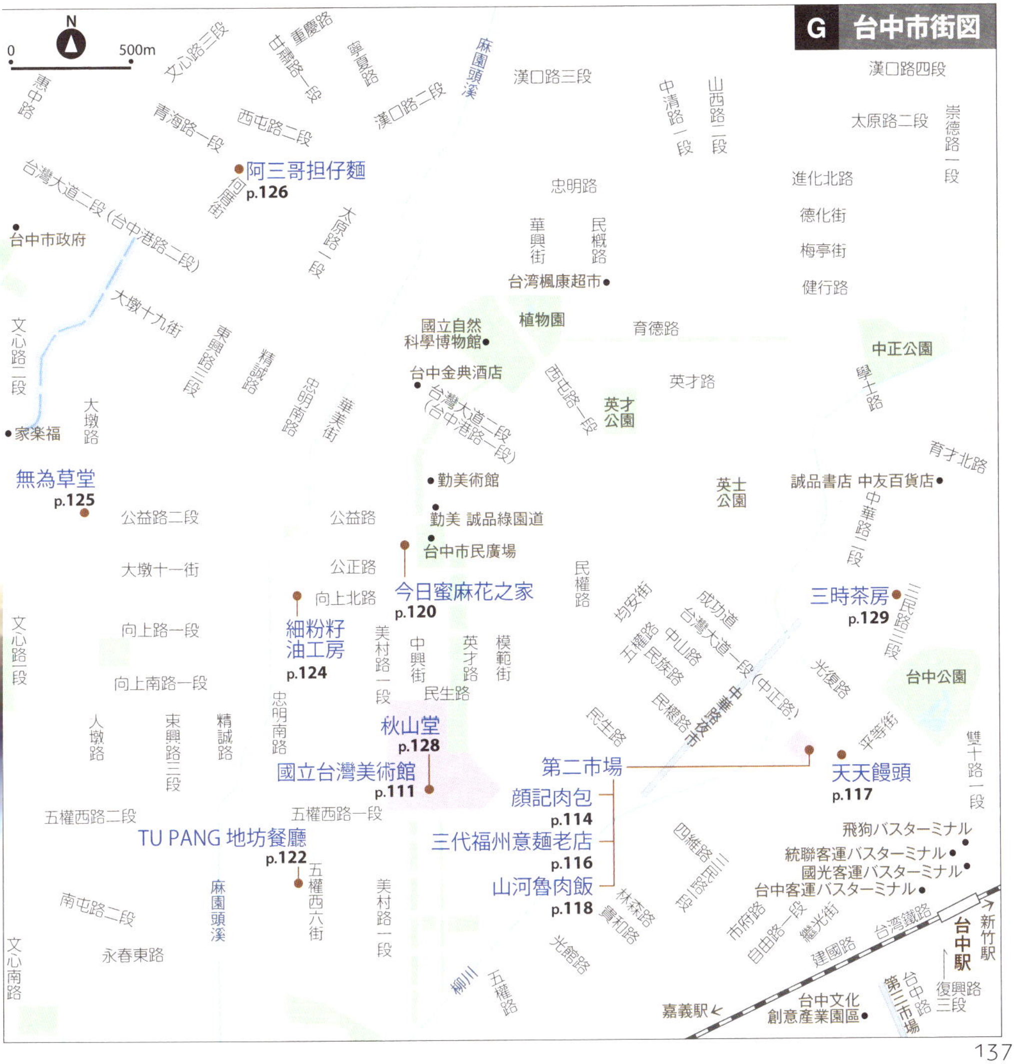

G 台中市街図
N
0
500m
惠中路
文心路三段
中清路一段
重慶路
寧夏路
麻園頭溪
漢口路三段
漢口路四段
中清路一段
山西路二段
太原路二段
崇德路一段
青海路一段
西屯路二段
漢口路二段
阿三哥担仔麵
p.126
向上路
台灣大道二段(台中港路二段)
太原路一段
忠明路
進化北路
德化街
台中市政府
華興街
民權路
梅亭街
台湾楓康超市
健行路
大墩十九街
植物園
國立自然科學博物館
育德路
中正公園
文心路二段
東興路三段
精誠路
忠明南路
華美街
台中金典酒店
台灣大道二段(台中港路一段)
西屯路一段
英才路
英才公園
學士路
家樂福
大墩路
育才北路
無為草堂
p.125
勤美術館
英士公園
誠品書店 中友百貨店
中華路一段
公益路二段
公益路
勤美 誠品綠園道
台中市民廣場
大墩十一街
公正路
民權路
今日蜜麻花之家
p.120
均安街
成功道
台灣大道一段(中正路)
三時茶房
p.129
三民路三段
向上北路
細粉籽油工房
p.124
向上路一段
美村路一段
中興街
英才路
模範街
五權路
中山路
民族路
光復路
台中公園
向上南路一段
民生路
忠明南路
民權路
中華路夜市
平等街
人墩路
東興路三段
精誠路
秋山堂
p.128
民生路
雙十路一段
國立台灣美術館
p.111
第二市場
天天饅頭
p.117
顏記肉包
p.114
五權西路二段
五權西路一段
飛狗バスターミナル
TU PANG 地坊餐廳
p.122
三代福州意麵老店
p.116
統聯客運バスターミナル
國光客運バスターミナル
五權西六街
四維路
民生路三段
台中客運バスターミナル
麻園頭溪
美村路一段
山河魯肉飯
p.118
林森路
南屯路二段
實和路
市府路
自由路一段
繼光街
台湾鐵路
新竹駅
台中駅
永春東路
建國路
文心南路
光館路
復興路三段
柳川
五權路
台中文化創意產業園區
嘉義駅
第三市場
台中路

Travel Information

台湾にはじめて行かれるという方に、子供と一緒に旅される方に。

おすすめの時期

春と秋に訪れるのがおすすめです。南国である台湾は、夏はとりわけ暑くて湿度も高く、小さい子供には日中の移動や散策などは難しくなります。冬は、日本よりも暖かいのですが、台北市は曇天が多く、風が吹くとやはり寒さを感じ雨も降りやすいため、徒歩の移動などは難しくなります。
3〜4月などは台風の心配もなく、気温も高めになってきます。晴れならばブラウス一枚で過ごせますし、日によっては30℃近くなるので、冷たい食べ物も美味しく食べられます。一番のおすすめは秋です。10〜11月中旬位までは、快適に過ごすことが出来ます。台風にあたらなければ、10月は夏の名残もあり、気温も高めです。冷たいデザートが豊富な台湾の甘味を存分に楽しめます。

旅の日程

子供と一緒の旅は、思っているような旅程ではいきませんので、ゆったりと余裕を持って行くと楽しめます。出来れば、4泊5日以上だと旅程に余裕が出ると思います。私はいつも5泊6日を目途にしていて、6日間あると、一日の行動がゆったりと出来ます。また、台北のお店は月曜日休みが多いので、日程を組む際に、月曜日を最終日にするか、月曜日に他の都市へ行くことにするか、調整しています。

旅行前の準備

パスポート

パスポートの準備や確認をします。残存期間が最低3か月以上ないと台湾に入国出来ません。12歳以下の子供用のパスポートは5年ごとの申請です。

海外保険

必ず保険に加入してから旅に出ています。子供が一緒だと、不慮の事故やケガをする確率も上がります。急病になったときに、病院にすぐに案内してもらえたり、旅行時の不安を少しでも軽減したくて入ります。
クレジットカードによっては、保険が付帯されていますが、本人分だけだったりするので、家族保険を事前にネットで申し込んでおきます。台湾だと保険料も高額ではないので、事前に加入をおすすめします。

[日本語が通じる病院]

台安医院特別外来センター
http://www.tahsda.org.tw/jp/PriorityCareCenter.php

海外用Wi-Fiルーターの予約

台湾は、日本よりも通信環境はよく、街中の主要なところはすべて無料Wi-Fiがあってつながります。カフェなどは、ほとんど無料でつながりますし、ひと休みする際やホテルなどでは困りません。私は「グーグルマップ」を見たいのと、現地の友人とSNSで連絡を取り合うため、ルーターを持ち歩いています。台湾の空港で直接借りるか、日本の空港で受け取るタイプを予約しています。数人で使うと割安になります。

台北市内のフリーWi-Fi

常時ネットを使用しなければ、事前に申し込みの出来る公共Wi-Fiもおすすめです。公共施設や主要施設、MRT駅などで使用出来ます。日本から事前に申し込んでおいて、台湾についたらログインすれば使用出来るようになります。「TPE-Free」が台北ではつながります。

飛行機

航空券

子供と一緒だと、エアの詳細な時間設定やホテルを指定するなどを考えると、ツアーは利用しにくいので、飛行機とホテルをそれぞれ予約しています。格安航空券などもありますが、代理店などで購入すると、発券手数料や燃料サーチャージ料が高額設定ということもありますので、航空会社のサイトで早期予約の割安チケットを直接とるのがおすすめです（手数料などを合計して比較すると、そんなに変わらないことが多いです）。子供料金は各航空会社で違っていますので、比較検討するといいと思います。2歳以上は、席がいりますので、子供用に飛行機のチケットを予約しています。大人の80％くらいの設定が多いようです。直接予約する場合、早期割引チケットはキャンセル不可が多いです。子供の体調が急変した場合などのリスクも考えて予約してください。

路線

台湾に行くには、「台湾桃園国際空港」と「台北松山空港」があります。私は、移動距離をなるべく少なくしたいので、「羽田ー松山路線」をいつも利用します。松山空港から台北市内まで15〜20分という短距離であるというのが理由です。この路線の本数は各社あり、出発時間、料金など比較して、子供の年齢や月齢に合わせて選ぶといいと思います。

便の時間

友人や友人親子と一緒に旅することが多いので、だいたい、昼ごろに出発する午前11〜12時台の便を利用します。台湾の時差は、日本時間から－1時間くらいです。台北に午後遅くに着いて、ホテルに着いてから荷物を預けて、軽くおやつとお茶するくらいの時間から動きはじめるという時間設定です。子供が少なく大人が多い場合は午前9〜10時台の便で行き、台北で遅いお昼が食べられるようにしています。

航空会社

機内で日本語が通じて安心なのと、小さな子供向けサービスが充実していることからANAで行くことが多いです。羽田から就航しており、子供が行動しやすい時間に便が多いので、選びやすいのも理由のひとつ。

予約時に席も選べますし、友人と合わせて予約し、前後の近い席を指定することが出来ます。その際に、ベビーミール、チャイルドミールが予約出来（出発24時間前まで）、ベビーベッド（体重10kgまで）が電話で予約出来ます（指定出来る座席、数に限りがあり）。

機内食の時間には、事前に相談の上、先にチャイルドミールを出してくださることもあり、内容がとても充実しています。種類が多くて食べやすい大きさで、バランスよく考えられているのが嬉しいです。お願いするとミルクも作ってくださいます。

カウンターでは、貸し出しベビーカーの用意がありますので、空港内での移動もスムーズです。また、ANAオリジナルのおもちゃのプレゼントやプログラムに子供用の番組も多く、娘は毎回楽しみにしていて、いつもあっという間に台湾に到着します。

ANAファミリーらくのりサービス［国際線］

http://www.ana.co.jp/serviceinfo/international/support/family/

ホテル

子供と一緒に快適に過ごせるホテルを選ぶようにしています。主にどの地域で動き、どのように過ごすかでホテルの地域を選ぶといいと思います。大人だけならば、MRT駅に近い方がおすすめですが、子供が一緒だとタクシーに乗ることが多いので、MRT駅はそんなに気にする必要はないと思います。
子供と一緒のときのホテル選びで、重要視しているのは下記の3点です。

◎清潔で安全な地域にあること
◎何かあった際に日本語でしっかりと
　対応してもらえること
◎部屋がなるべく広いこと

予約時の注意

台湾のホテルは、デザインホテルなどでは12歳以下の宿泊が不可であったり、ホテルによって添い寝の年齢が決められていて、「何歳以上だと宿泊人数に計算される」などあります。大体は、12歳（小学生）までは、添い寝が可能なところが多いと思いますが、ホテルによって設定がまちまちなので、予約する際に細かく確認して下さい。

ホテル予約サイトの検索

子供同伴のホテルを下記の方法で予約しています。事前に伝えておくと、タオルを子供の分まで用意してもらえたり、子供用のサービスが利用出来たりとスムーズになります。

○子供同伴で予約不可になっているホテルでも、直接ホテルのサイトを見てみてください。予算に合うものがあったりします。申込みの時に、子供が添い寝であることを明記すると、大人料金だけで予約出来ます。

○子供同伴の検索で比較的に検索数の多いのは「楽天トラベル」と「エクスペディア」です。こちらで子供人数を入れて検索してみてください。

○ホテル検索サイトで大人の人数だけで予約し、その際にコメント欄があれば、添い寝する子供がいること、年齢を書いて確認を取っておきます。もしくは、予約してから、ホテルに直接メールをし、予約番号などを明記して子供が添い寝することを伝えておくのもいいと思います。
※断られる場合や子供料金額適用の場合もあります。

台北市の中山地区でよく利用する、子供と一緒に過ごしやすいホテルを3軒ご紹介します。

台北アンバサダーホテル／國賓大飯店

住所　台北市中山北路二段63号
電話　02-2551-1111
https://www.ambassadorhotel.com.tw

どこに行くのにも便利な、中山地区にある格式ある老舗ホテルです。オリジナルで作っている台湾の白茶をイメージした香りが館内全体を穏やかに包んでいて、ホテルに戻って広く落ち着いたロビーに入ると、「ああ、帰ってきた」とホッとします。

受付、コンシェルジュ、ドアマンの方も日本語を話してくださるので、安心して過ごすことが出来ます。部屋は広さが十分にあり、落ち着いた雰囲気で、子供連れには嬉しいです。ゆったりとしたエグゼクティブラウンジでは、ドリンクやフードが楽しめ、休憩にもぴったりです。朝ごはんは、パティスリーのパンやケーキがたくさん並び、ここならではの充実度です。

子供へのサービスとしては、ベビーベッドやベビーバスの貸し出し、哺乳瓶の消毒などを無料でサービスしてくださいます。部屋のチャ　ジは、添い寝であれば、12歳まで無料です。

また、一階のパティスリーが美味しく、滞在中に必ず訪れます。娘はこちらのチーズケーキと台湾レモンを使ったタルトシトロンのファンで、パティシエ特製のパイナップルケーキもおすすめです。

ホテル

ロイヤル・ニッコー・タイペイ／老爺大酒店

住所　台北市中山北路二段37之1号
電話　02-2542-3266
http://www.royal-taipei.com.tw

どこに行くのにも便利な場所にあり、日航系ホテルなので、フロント、コンシェルジュと完璧な日本語で対応していただけるので安心出来ます。スタッフの方が笑顔でアットホームに接してくださるので、子供と一緒に穏やかに過ごせます。部屋は、お風呂とトイレが別になっているので、子供と一緒だと何かと助かります。程よい大きさのホテルで居心地がよく、設備は新しいです。部屋はリノベーションされていて、白いトーンで整えられていて素敵です。

レオフーレジデンス／六福居

住所　台北市南京東路一段38號
電話　02-7701-5565
http://www.royal-taipei.com.tw

林森公園と中山駅に近く、便利な立地のアパートメントホテルです。部屋は、50平米以上ととても広く、ベッドルームとリビングに分かれ、キッチン付きです。クローゼットがとても広く荷物が多い子供連れには助かります。宿泊者は無料でウェスティンホテルのジム、サウナプールを利用することができます。1階には小さいパブリックスペースがあり、朝には朝食が並びます（テーブルが少ないので部屋に持っていってゆっくり食べるのがおすすめ）。コーヒーメーカーが24時間開放されているのもうれしいところです。

台湾での交通

MRT(台北捷運)

台北には、MRTと呼ばれる地下鉄（地上駅もある）があり、市内はこの交通機関で網羅出来ます。新しい駅もどんどんと出来ていて、行く度に便利になっています。構内も車内もきれいですし、どこの駅でもホームまでエレベーターがありますので、ベビーカーで困ることもありません。注意することは、飲食禁止なので、子供に何か食べさせたり飲ませたりしないように注意してください。子供連れだとタクシーを使うことが多くなりますが、私は、台湾の人たちのように過ごせるこのMRTが大好きで、少ない人数で子供が歩ける年齢ならMRTを使って移動します。子供連れだと、車内に入るなり、さっと誰かが立って子供に席を譲ってくれます。席の対面の方に微笑んでもらうことも多く、台湾の人達のやさしさに感激してしまいます。

※日本と違って子供料金はなく、身長が115cm以下なら無料です。

[乗り方]

駅に自動券売機がありますので、そこで切符を購入します。目的地までの運賃を券売機上の運賃表から探し、券売機に表示されている番号順に操作します。トークンと呼ばれるコイン状のものが出てきます。改札通過の際、乗車時はトークンを自動改札機にかざします。降車時はトークンを自動改札機の投入口に入れます。

[EASY CARD (悠遊卡)]

日本の鉄道プリペイドカードと同様に使用できるカードもあります。MRTと台北市内や周辺エリアの路線バスで使用出来ます。長期に渡って滞在する人やリピーターの方にはとても便利で、私は、このカードを使ってMRTに乗ります。日本と同様に改札機にカードをかざして通ります。MRTの運賃が2割引きになり、接続バス料金が割引になるなどの特典があるほか、一部のコンビニ、カフェ、スーパー、タクシーなどでの支払いでも使うことができます。

100元をデポジットで払い希望金額をチャージします。利用可能額が少なくなれば、MRT駅の自動チャージ機やコンビニなどでチャージできます。利用をやめるときは、MRT駅の窓口で残額の払い戻しを受けます(手数料20元が必要です)。有効期限が2年なので、その間に旅の予定があればそのままにしておいて使用しています。

台湾での交通

新幹線（台湾高鉄）

台湾の新幹線は「台湾高鉄」といい、日本から日本語で予約が可能です。事前ですと、割引設定があり、確実に席を予約出来て、友人とも近くに座席が指定出来ます。意外に混んでいる時期や、日本ではわからない台湾の祝日にあたっていたりすると席が取りづらい時もあるので、子供が一緒の時などは事前に予約を入れてしまいます。往路だけ予約しておき、帰りは窓口で買うと滞在時間も調整が出来ます。しかし、一度帰りの新幹線が取りづらい時があり（祝日後で乗りたい時間が満席でした）、子供と一緒の場合は、往復を事前に予約するようにしています。切符の受け取りは30分前までに必要で、パスポートの提示も必要です。

[子供料金]

12歳未満の小児は子ども切符を購入することができ、6歳未満の幼児は同伴する大人が一般切符を持っている場合に限り、ふたりまで無料となります。身長150cmを超える12歳未満の小児、または身長115cmを超える6歳未満の幼児は身分証明書類などの提示が必要となります。

タクシー（計程車）

日本に比べると初乗り料金が安く、台数も多くて便利なので、台北ではタクシーを活用しています。短い期間での旅程や子供連れ、暑い時期など、移動が助かります。行き先を伝えるには、台湾は路に名前がついていますので、住所と店名を大きく繁体字で記入したメモを渡すのがよいです。地図を見せてもわからない人も多く（ご年輩の運転手だと、地図が小さいと見えないことが多いです）、メモを渡すのが一番早く伝わります。いずれも、夜にひとりで乗車するのは避けたほうが安全です。

[空港から乗車するタクシー]

空港内に入る許可を取っているタクシーですので、安心して乗車して大丈夫です。

[流しのタクシー]

止める際に注意する点は、きれいな車体のタクシーにすること。ワゴンタイプは比較的どれもきれいで、運転手の方は制服を着ていることが多く安心です。乗車の仕方は、日本と同様に手をあげれば止まってくれて乗車出来、自動ドアではないので手動で開けます。メーターが動いているかどうかを確認し、日本と同様シートベルトをして、目的地についたら料金を支払ってください。

[夜の外出時]

夜にレストランなどから帰る際には、そのレストランでタクシーを呼んでもらうのがおすすめです。行き先を告げて迎車してもらいます。タクシー番号を言われますので、その番号がついたタクシーを待ちます。

ホテルから乗車する場合は、ホテルの方がタクシーを見分けていますので安心です。ホテルに戻る場合は、ホテルのカードを持参し、毎回そのカードを見せると確実です。ホテルの英語通称名などは意外と通じないのでこの方法が一番伝わります。

[空港送迎タクシー]

到着する時間帯によっては、タクシー乗り場が混んでいて意外に時間を取られたりします。友人たちとの旅行で子供が多かったり、人数が多くて分乗しなければならなくなったりと手間取りそうな時は、事前に送迎タクシーを日本で予約しておきます。空港に着くと到着ロビーに迎えにきてくれていて、すぐに玄関に車をまわして荷物もすべてのせてくれます。4～5人であれば7人乗りをお願いして（スーツケースが各自あるならば、その位の大きさでないと乗りきれません）、一度に皆で移動出来、車内も広く子供たちと一緒の移動も楽にスムーズにいきます。

現地払いか、予約サイトによってはカード決済で、日本のタクシー代に比べると安価です。

○1～4人乗り
http://www.taipeinavi.com/tour/126/

○1～7人乗り
http://www.veltra.com/jp/asia/taiwan/a/16115

レストラン

お店の予約のとり方

台湾の美味しいと言われるお店は、皆さん予約してから行かれることが多く、私も必ず行きたいお店は予約をお願いします。自分で取る場合は、ホテルについたらすぐにコンシェルジュの方にお店の予約を取ってもらうか、ホテルが決まっていれば、日本からホテルにメールを送って予約を取ってもらうか、お店に直接英語で予約メールを送ってみてもいいかと思います。行きたいお店の予約が確定すると、日程も組みやすく安心ですのでおすすめです。

注文の仕方

レストランなどは、日本語メニューがあるところが多くなってきてはいますが、ないところもまだまだあります。日本語メニューがない場合は、写真があれば指差しをすれば大丈夫です。行きたいレストランのメニューを、事前に調べておくのもいいと思います。食堂などは、料理名が印刷してある伝票にチェックするところも多くありますので、この伝票に数を書き込んでください。壁などに料理名が書いてある場合は、紙に書いて渡すと一番わかりやすいです。

子供のカトラリー＆エプロン

ほとんどのレストランでは、子供用の食器やカトラリーを用意してくれますが、ない場合もあります。子供の月齢が低ければ、いつも使っているものを持参すると安心です。元々、中華の碗もレンゲも小さいので、あるもので子供に代用は出来ますが、お箸は、プラスティックの長いタイプがほとんどなので、小さい子が使うのは難しいかもしれません。
エプロンも、持参した方が安心かもしれません。私は、使い捨ての紙エプロンを持参していました。軽くて小さいので持ち歩くのに楽でした。

その他の役立ち情報

両替

空港に到着したら入国審査を受けます。小さい子供がいる場合は、優先してくれます。身障者と子供のマークがあり、そこに並びます。通過し、荷物を受け取ったら、ゲートを出る前に両替所があります。横並びにありますが、どちらもレートは一緒です。手数料も高くはなく、一番スムーズに両替できるのでいつもここで両替します。使い切らず残ってしまって、日本の空港で再両替すると手数料も高額なので、旅行期間中に使い切る金額の両替をおすすめします。

私は、高額なお茶や器、調味料など、量を購入し高額の支払いの場合はカードを使い、移動と食事代のみと計算して、換金するようにしています。友人と同行なら共通財布を作り、両替したらすぐに何千ドルか各々入れて、最初のタクシー代からこの共通財布から支払うとスムーズです。

グーグルマップ

スマートフォンなら、グーグルマップに行きたいお店を入力してから行くのをおすすめします。私は、いつも行くお店、行ってみたいお店は、すべて場所だけチェックを入れてあります。自分がどこにいるのか、どこに向かっているのかすぐにわかりますし、台湾ではすべての路に名前がついているので、その路の名前をすぐに確認出来ます。すべてのお店の表示はされないのですが、行きたいお店をチェックすると、今、開店しているのか、営業時間は何時までなのか、休業日がいつなのかが表示され、すぐにわかります（まれに情報が最新でない場合もあります……）。

トイレなど

台北市内の主要施設などは、東京と変わらずトイレ（洗手間）、オムツ替え台（尿布台）、授乳室（哺乳室）はあります。台湾は、トイレの紙を流さずにゴミ箱に入れる習慣です。ホテルは流して大丈夫ですが、外ではすべてゴミ箱に入れるようにします。街中では、日本ほどトイレはないので、MRTや主要施設、食事に行った際などにはトイレに行くように気をつけています。デパートや新しい集合施設なら、赤ちゃん休憩室（育嬰室）がひと通りあります。レストランではオムツ替え台はないので、主要施設で見つけたら交換しておくといいと思います。MRTなら改札の外にあることが多いので、通りすがりでもMRT駅に行けばトイレを使用出来ます。

子供用の持ち物

私は娘が2歳の頃から一緒に台湾に行っています。もうすぐ7歳で、毎年台湾へ行っていますので、必要なものも変化しています。2歳以下の友人の子供とも一緒に台湾へ行きましたので、その中で持っていってよかったものをご紹介します。

［授乳ケープ、ストール］

飛行機の離陸時、小さいと耳抜きが出来ませんので、授乳しながら離陸しました。ぐずった時など落ち着かせるのにもすぐに飲ませられます。授乳室も日本同様に主要施設にはあります。

［ミルク用品］

授乳室（哺乳室）が主要施設なら大概ありますので、そこで調乳出来ます。水などを飲ませる幼児用のドリンク容器もあるといいです。気温が高めの日など水分補給を何度もさせるように気をつけます。

［離乳食と子供のごはん］

念のために、離乳食レトルトを持っていくといいと思います。

私も娘が2歳の最初の時には、台湾の食事を食べなかった場合の保険として、お雑炊などのレトルトを持って行きました。結果、台湾では、いろいろな種類の麺やスープ、豆乳、お粥、果物、パンなど食べられるものがあり、利用しませんでした。お子さんによっては、環境が変わって食べる量が減るかもしれませんので、日本でも食べたことのある幼児用のレトルトなどを、保険として持参するといいと思います。

月齢が低い場合、ホテルの朝ごはんがおすすめです。中華圏だから、お粥ならたくさんありそうと思いますが、台湾は粉食文化の方が強く、お粥店は多くはありません。ホテルの朝ごはんにはだいたいお粥はありますので、月齢の低いお子さんがいる場合は助かります。焼きたてパン、パンケーキ、フレンチトースト、シリアル、蒸し饅頭、豆乳、担仔麺（汁ビーフン、中華麺）、果物、ヨーグルト、ごはん、お味噌汁。子供が喜ぶものがたくさんありますので、上手に利用するといいと思います。

［洋服］

気温が高めの時期は、汗をかきますので着替えを多めに持っていきました。車内や建物の中は冷房で冷えていることが多いので、薄いカーディガンやかけてあげられるストール、タオルなどを持参して体温調節をします。

靴は、いつも履いている運動靴がおすすめです。整備されているところもあれば、不安定な歩道もあります。公園で遊ぶことも想定して、走りやすいのがいいと思います。

[薬＆アメニティ]

飲み慣れている薬やレメディ、レメディクリームを持参しています。気温が高い時期は、虫除け、日焼け止めなど、肌荒れがしないようにいつも使っているものを持参しています。ティッシュ、除菌シートは常に持ち歩きます。

[オムツとお尻拭きシート]

いつも使用しているものを多めに持って行くことをおすすめします。現地にも売っていますが、いつもと違うと肌荒れをおこしたり、量が多くて結局使いきれないことになりますので、普段の量よりも多めに持っていくと安心です。

[旅行用の軽量バギー、抱っこひも]

3歳位になると、結構歩いてくれるようになりますが、疲れるとバギーに乗るか抱っこひもになります。うちの娘は2歳の時は、もう抱っこひもは難しい体重で、肩掛け出来る軽量のバギー（2kg弱）を持参しました。疲れたらバギーに乗せ、自分の荷物もかけられるので移動も楽でしたし、タクシーに乗る際には、畳んで座席に一緒にのせて移動出来ます。バギーでお昼寝も出来るので、寝てしまったら、上からストールやタオルなどをかけて寝かせておけるので助かりました。1歳半の子供連れの友人は、バギーと抱っこひもを両方使用していました。月齢に合わせて、組み合わせて使用するといいと思います。

[おもちゃ]

飛行機内での長めの移動時間を考えて、重たくない遊べるものを持っていきました。シール、シール帳、お絵描きノート、ぬり絵、小さいパズル、小さい絵本。飛行機の中は、子供用の番組もあるので、おもちゃとの合わせ技で退屈しないようにしています。

おかあさまへ

荷物も多く、外国での子連れ旅は緊張するかもしれませんが、普段のめいっぱいの子育てから少し離れ、台湾のあたたかい空気、おいしい食事、やさしい人々と触れ合い、子供たちとおかあさまの楽しい大切な旅の時間となりますように。

内田真美　Mami Uchida

料理研究家。長崎県生まれ。
夫と娘の3人家族。
雑誌、書籍、広告などで活躍している。
台湾の食、人々、土地に魅了され、
15年以上通い続けている。
著書『私的台北好味帖』が好評。

デザイン
渡部浩美

写真
新居明子

コーディネート
青木由香

地図
atelier PLAN

取材協力
ANA 全日本空輸株式会社
The Ambassador Hotel Taipei 國賓大飯店

協力
蔡奈欧子

編集
村上妃佐子（アノニマ・スタジオ）

この本を作るにあたり、
多大なるお力添えを頂いた方々に
厚く御礼を申し上げます。
この本を手に取っていただいた皆様、
有難うございます。
麗しい島への旅が楽しい時間となりますように。
そして、いつもあたたかく優しく迎えて下さる台湾の皆様、
我會再去的, 謝謝你們的熱情款待！

私《し》的《てき》台《たい》湾《わん》食《しょっ》記《き》帖《ちょう》

2016年 3 月23日　初版第 1 刷 発行
2018年 5 月29日　初版第 4 刷 発行

著者　内田真美
発行人　前田哲次
編集人　谷口博文
アノニマ・スタジオ
〒111-0051
東京都台東区蔵前2-14-14　2F
TEL. 03-6699-1064　FAX. 03-6699-1070

発行　KTC中央出版
〒111-0051
東京都台東区蔵前2-14-14　2F

印刷・製本　株式会社廣済堂

内容に関するお問い合わせ、ご注文などはすべて上記アノニマ・スタジオまでお願いします。乱丁本、落丁本はお取替えいたします。

ISBN 978-4-87758-748-2　C2026

アノニマ・スタジオは、
風や光のささやきに耳をすまし、
暮らしの中の小さな発見を大切にひろい集め、
日々ささやかなよろこびを見つける人と一緒に
本を作ってゆくスタジオです。
遠くに住む友人から届いた手紙のように、
何度も手にとって読み返したくなる本、
その本があるだけで、
自分の部屋があたたかく輝いて思えるような本を。